핵 꿀쌤 Reading

재밌어서 계속 읽는 중학 영어

LEVEL 3

핵꿀잼 리딩 Level 3

저자 l 타보름 교재 개발팀
디자인 l 디자인 에스
일러스트 l 정승원
발행일 l 개정 2쇄 2020년 1월 2일
발행처 l 타보름 교육
홈페이지 l www.taborm.com

Copyrightⓒ2020 by Taborm Education All rights reserved.
No part of this publication may be reproduced, stored
in a retrieval system, or transmitted in any form or by any means,
electric, mechanical, photocopying, recording, or otherwise,
without the prior permission of thecopyright owner.

본 책은 타보름 교육이 독창적으로 개발하였습니다.
이 책의 내용 일부 혹은 전체 내용을 어떠한 방법으로도
무단 복사, 복제, 전재하는 것이 저작권법에 의해 금지되어 있습니다.

파본은 구매처에서 교환해 드립니다.

핵꿀잼
Reading

그냥 화끈하게 다 재미있어라!

중등부 학생들과 독해 수업을 하면서 아이들에게 흥미를 불러
일으키는 것들이 어른들의 기준과는 많이 다르다는 것을 느꼈습니다.
쉬어가기로 유머 지문이 드문드문 섞여 있다면 오히려 아이들의 편식을
유발할 수 있습니다. 그렇다면 그냥 화끈하게 다 재미있으면 어떨까?
그렇게해서 수업할 때 반응이 가장 좋았던 소재들을 모아봤습니다.
사랑, 공포, 전설, 감동, 유머, 이야기 등등.

그리고 교양지식까지...!

하지만 '앎'에 대한 욕구는 어린 학생들에게도 있습니다. '아' 다르고
'어' 다르듯이 어떻게 쓰느냐에 따라 지루한 이야기가 될 수도 있고
흥미진진한 이야기가 될 수도 있습니다. 그래서 이후에 지식을 스스로
확장할 수 있게 흥미를 제대로 유발시키기로 했습니다.

학생들이 모든 단어를 알지 못한 채로 독해를 접하게 되고 문맥속에서
자연스럽게 단어의 뜻을 추론하고 해석이 되도록 심혈을 기울였습니다.
모든 문제는 단어 추론, 내용 이해로만 구성이 되어 정말 독해에 푹
빠질 수 있게 설계되었습니다.

핵꿀잼 Reading 이 특별한 이유

사랑, 공포, 지식, 유머, 심리테스트까지!
독해 욕구 완전 풀 가동

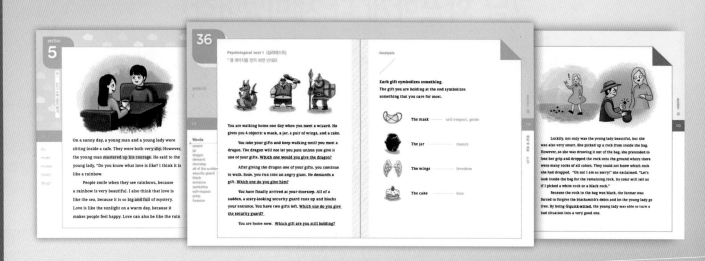

편식 방지!
목차 무작위 구성

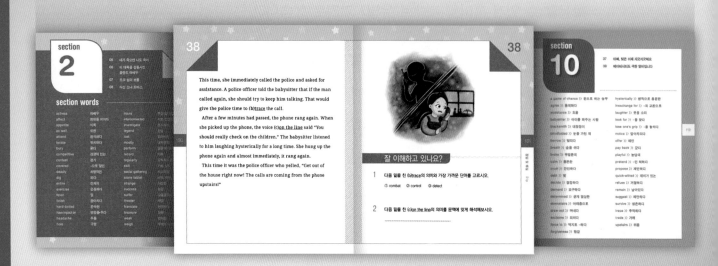

문법 공부는 문법책으로!
내용 이해, 단어 추론 문제로만 구성
독해의 즐거움 뿐만 아니라 깨닫는 즐거움까지!

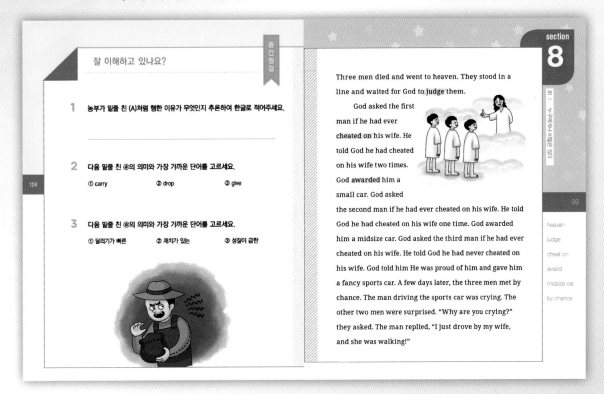

잘 이해하고 있나요?

중간점검

1 농부가 밑줄 친 (A)처럼 행한 이유가 무엇인지 추론하여 한글로 적어주세요.

2 다음 밑줄 친 ⓐ의 의미와 가장 가까운 단어를 고르세요.
① carry　　　② drop　　　③ give

3 다음 밑줄 친 ⓐ의 의미와 가장 가까운 단어를 고르세요.
① 달리기가 빠른　　　② 재치가 있는　　　③ 성질이 급한

124

---

section

8

Three men died and went to heaven. They stood in a line and waited for God to judge them.

God asked the first man if he had ever cheated on his wife. He told God he had cheated on his wife two times. God awarded him a small car. God asked the second man if he had ever cheated on his wife. He told God he had cheated on his wife one time. God awarded him a midsize car. God asked the third man if he had ever cheated on his wife. He told God he had never cheated on his wife. God told him He was proud of him and gave him a fancy sports car. A few days later, the three men met by chance. The man driving the sports car was crying. The other two men were surprised. "Why are you crying?" they asked. The man replied, "I just drove by my wife, and she was walking!"

99

heaven
judge
cheat on
award
midsize car
by chance

좋아, 자연스러웠어!
단문에서 장문으로
서서히 이어지는 독해구성

상상 초월!
풍부한 추가 자료 제공

❋ Contents ❋

section 1

section words

account	설명	nasal	코의
additional	추가적인	nutritional	영양소의
attack	공격하다	pain	고통
automatically	자동적으로	parasite	기생충, 기생식물
be in a relationship	사귀다	politician	정치가
bother	괴롭히다	politics	정치
cooperate	협력하다	pollen	꽃가루
cruel	잔인한	power-hungry	권력에 굶주린
crush	짓누르다	pronounce	발음하다
defeat	무찌르다	rare	희귀한
describe	묘사하다	realize	깨닫다
discouraged	낙담한	record	기록
draw	끌어당기다	reflex	반사작용
enchanting	매혹적인	reply	대답하다
ensure	확실하게 하다	reproduce	번식하다
expel	배출하다	requirement	필요조건
extinct	멸종의	rotting	썩는
filter	거르다	royalty	왕족
germ	세균	ruler	통치자
historian	역사학자	sneeze	재채기하다
influence	영향을 끼치다	stem	줄기
invader	침입자	stench	악취
irresistible	뇌쇄적인	vine	덩굴
legend	전설	well-known	유명한
local	동네의	whisper	속삭이다
logger	벌목꾼	yard	야드 (길이 단위)
murder	살인하다		

사랑은 고통을
허락하는 것

Words

be in a relationship
pain
realize
reply
descouraged
whisper

A young man and a woman were in a relationship. Although the young man was very much in love with her, the young woman always hurt him. This often caused the young man much pain. Finally, one day the young woman told the young man that she no longer wanted to see him.

Six months passed. During that time, the young woman began to realize how much she had loved him. She went back to him and asked him if they could begin dating again. She told him how sorry she was and how much she missed him.

However, the young man smiled and replied that only a very foolish man would give another chance to someone who had caused him so much pain.

The woman was very (A)_____. As she started crying, the young man took her into his arms. "I am one of those foolish men," he whispered in her ear.

단어 추론

1 본문에서 색칠한 단어의 뜻을 문맥을 통해 추론해보세요.

		*	울부짖다
no longer	*	*	속삭이다
foolish	*	*	멍청한
whisper	*	*	더 이상 ~않는
		*	사랑스러운

2 본문에 대한 설명과 일치하는 것을 고르세요.

① 남자는 여자에 대한 사랑이 식었다.

② 이 연인은 6개월간 사귀었다.

③ 남자는 여자에게 다시 사귀자고 매달렸다.

④ 여자는 남자를 용서해주었다.

⑤ 남자는 여자 친구를 다시 받아주었다.

3 본문의 빈칸(A)에 들어갈 단어로 알맞은 것은?

① relieved

② discouraged

③ satisfied

④ surprised

⑤ fascinated

세상에서 제일
큰 꽃은?

Words

local
yard
rotting
rare
stench
draw
reproduce
stem
parasite
vine
nutritional
requirement
extinct
logger
crush
ensure

Did you know the world's largest flower is called Rafflesia? You won't probably find one at your local florist shop. The size of this flower is as large as a yard, and it smells like rotting meat. But this (B) <u>terrible smell</u> helps (A) <u>this rare plant</u> to survive. The stench draws flies, which in turn *pollinate the Rafflesia. This is how the Rafflesia reproduces itself. Rafflesias do not have stems, roots, or leaves. They do not produce *chlorophyll. Rafflesias are actually (C) <u>parasites</u> which need vines to survive. The vines serve as *host plants which provide the Rafflesia with all its nutritional requirements. Today the Rafflesia is in danger of becoming extinct.

Loggers damage the flowers when they cut down trees. Often tourists kill this rare flower by crushing the vines that flowers need. But, a number of people are working together to ensure Rafflesia survives for future.

*pollinate 수분하다(식물의 생식활동)
*chlorophyll 엽록소
*host plant 숙주식물

1 밑줄 친 (A) <u>This rare plant</u>가 가리키는 것은?

_____

2 밑줄 친 (B) <u>terrible smell</u>과 바꿔 쓸 수 있는 단어를 본문에서 찾아 쓰세요.

_____

3 문맥을 통해 밑줄 친 (C) <u>parasite</u>의 의미를 추론하세요

_____

4 이 글을 읽고 알 수 <u>없는</u> 것은?

① 라플레시아를 파는 곳

② 라플레시아의 향

③ 라플레시아의 숙주

④ 라플레시아가 멸종위기인 원인

⑤ 라플레시아의 희귀성

클레오파트라,
보자마자 반한다

Words

ruler

well-known

legend

cruel

murder

irresistible

account

historian

describe

power-hungry

royalty

influence

politics

politician

enchanting

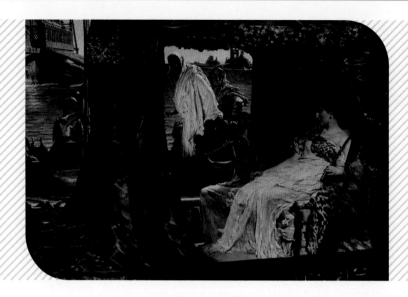

The Egyptian ruler Cleopatra is very well-known. There are many legends about her. Some say that she was a cruel woman who murdered her own brother and sister for power. Others say she was so beautiful that she was irresistible to many powerful men. There are many different accounts of Cleopatra because most of what we know about her were written by Roman historians, who did not like her very much. They described Cleopatra as a cruel and power-hungry ruler.

But, there are some basic facts that are well-known about Cleopatra. She was born into royalty. She was also in a relationship with Julius Caesar and Mark Antony, two great Roman rulers. She was able to influence the politics of the Roman Empire due to her relationships with those politicians.

You can see how Cleopatra might have looked like a face on ancient coins from that time. Although we may not think she looks very beautiful, the legends of her enchanting beauty will probably continue for some time.

1 본문의 클레오파트라에 관한 설명으로 옳지 <u>않은</u> 것은?

① She was an Egyptian actress who was famous for her beauty.

② She was a member of the Egyptian royal family.

③ She was in a relationship with Roman rulers.

④ Her face can be found on the ancient coins.

⑤ She had influence on the Roman Empire.

2 다음 문장은 본문의 내용입니다. 빈칸에 들어가기 알맞은 것을 고르세요

> Cleopatra had influence on the Roman Empire thanks to _____.

① her great diplomatic ability.

② her charismatic personality.

③ the great Egyptian army.

④ her special relationship with the Roman rulers.

⑤ the advanced Egyptian science technology.

3 다음 문장에서 A~E까지 알맞은 보기를 골라 빈칸을 채우세요.

> Cleopatra holds ___A___ historical ___B___; Some people say
> she was a ___C___ ruler who sought for power. Others say she
> had a(an) ___D___ beauty that men could not ___E___.

① cruel   ② various   ③ resist

④ accounts   ⑤ irresistible

재채기를
해본 적이 있다면
읽으세요.

Words

sneeze
reflex
automatically
additional
germ
filter
pollen
bother
nasal
attack
cooperate
defeat
invader
expel
pronounce

Achoo! Everyone sneezes. Sneezing is a reflex that your body does automatically. As you sneeze, your body attempts to remove bad things from your nose, such as bacteria. You have additional germs when you have a cold, which leads you to sneeze a lot more.

Inside your nose, there are hundreds of small hairs. The air that you breathe is filtered by these hairs. From time to time, dust and pollen bother your nasal passages, finding their way through these hairs. When the nerves inside your nose react, your brain understands that something is attacking your body.

단어 추론

1 본문에서 색칠한 단어의 뜻을 문맥을 통해 추론해보세요.

	* 발음하다
sneeze *	* 협력하다
filter *	* 거르다
attack *	* 공격하다
	* 재채기하다

정답 및 해설 p.3

Your brain, lungs, nose, mouth, and the muscles of your upper body cooperate with each other to defeat the invaders with a sneeze. When you sneeze, germs from your nose are expelled. If you sneeze into a tissue or on your sleeves, the germs will be there. It is very important to (A)_____ your hands after you sneeze into them, particularly during the flu season.

If someone nearby sneezes, please remember to tell them "Gesundheit!" You pronounce this word as "gezz-oont-hite. It is the German word for wishing someone good health after he or she sneezes.

2 본문의 빈칸 (A)에 들어갈 말로 알맞은 것은?

① catch   ② watch   ③ wash

④ find   ⑤ think

18

정답 및 해설 P.3

3 다음 문장은 본문의 내용입니다. 빈칸에 알맞은 것을 고르세요.

Sneezing is helpful for our health by —————— germs.

① accepting   ② joining   ③ including

④ allowing   ⑤ defeating

section

2

section words

amazement	놀람	melt	녹이다
barefoot	맨발	microscope	현미경
beneath	~아래에	nurse	보모, 간호사
carnivore	육식동물	obstacle	장애물
citizen	시민	overcome	극복하다
combat	전투	pointed	뾰족한
condition	상태, 조건	possibility	가능성
consist of	~로 구성되어 있다	pouch	작은 주머니
creature	생명체	realize	알아차리다
dinosaur	공룡	replace	대체하다
exist	존재하다	solar system	태양계
explore	탐험하다	spacecraft	우주선
face	직면하다	strict	엄격한
forage	~을 찾아다니다	sturdy	견고한, 튼튼한
Jupiter	목성	successful	성공적인
land on	착륙하다	surface	표면
layer	층, 겹	terrifying	무시무시한
likely	가능성 있는	thrilling	무서운, 스릴 있는
lizard	도마뱀	tremendous	거대한
loyal	충성스러운	warfare	전쟁
march	행진하다	wilderness	야생

19

이빨 한 개가
바나나 크기만 한
티라노사우르스

Words

terrifying
dinosaur
tremendous
lizard
pointed
carnivore
replace
thrilling

One of the most terrifying dinosaurs was Tyrannosaurus rex. It was a tremendous lizard with pointed teeth. It lived over 60 million years ago.

From nose to tail, T.rex was almost as long as a school bus and was taller than a house. It also weighed more than an airplane. Tyrannosaurus' head was as long as a kitchen table.

It was the biggest meat-eating dinosaur. Meat-eating animals have pointed teeth. T.rex had 60 of them! Some of the teeth were _____ big _____ bananas. When T.rex lost a tooth, a new one grew and replaced it.

T.rex stood on two powerful legs. It also had two small arms. Its powerful tail helped stop it from falling over. It might be thrilling to see an alive Tyrannosaurus rex, but I wouldn't like to meet one, would you?

정답 및 해설 P.4

단어 추론

1 본문에서 색칠한 단어의 뜻을 문맥을 통해 추론해보세요.

		* 뾰족한
terrifying	*	* 대체하다
meat-eating	*	* 육식하는
replace	*	* 무시무시한
		* 먹히는

2 본문에 대한 설명과 일치하지 <u>않는</u> 것을 고르세요.

① 티라노 렉스는 육식 공룡이다.

② 티라노 렉스의 몸은 스쿨버스만큼 길었다.

③ 티라노 렉스의 머리는 식탁만큼 길었다.

④ 티라노 렉스의 무게가 비행기보다 조금 적게 나갔다.

⑤ 티라노 렉스는 발이 두 개였다.

3 본문의 빈칸에 들어갈 알맞은 말을 본문에서 찾아 쓰세요.

Some of the teeth were _____ big _____ bananas.

4 다음 밑줄 친 단어의 뜻을 추론해보세요.

T.rex is <u>a canivore</u>. A carnivore is an animal that eats meat.

Words
pouch
amazement
successful
realize

An old woman went inside a casino with a pouch full of coins. Once she went inside, she soon found a slot machine and decided to play. The old woman took one coin out of her pouch and put it in the slot machine. Then, she pulled the handle. To her shock and amazement, coins started coming out of the slot machine! She took out another coin from her pouch and put it in the slot machine. Once more, she was successful. Excited, she put in coin after coin after coin, feeling like the luckiest person in the world. How (A)_____she would have been if she realized that she had been putting money in the coin changer all night!

1 본문에 대한 설명과 일치하는 것을 고르세요.

① 나이든 여성이 빈 주머니를 들고 카지노를 방문했다.

② 그녀는 카지노에서 포커 게임에 참여했다.

③ 그녀는 카지노에서 돈을 많이 벌었다.

④ 그녀는 칩을 계속해서 배팅하였다.

⑤ 그녀는 동전교환기에 동전을 밤새 넣고 있었다.

2 본문의 빈칸(A)에 들어갈 단어로 알맞은 것은?

① excited

② disappointed

③ happy

④ pleased

⑤ delighted

3 다음은 본문의 내용입니다. 빈칸에 알맞은 단어를 본문에서 찾아 쓰세요.

> In fact, the machine that an old woman used was the
>
> _____ _____ not the slot machine.

Jupiter is the largest planet in our solar system and consists of many different kinds of gases. It is so big that 1,300 Earths could fit inside Jupiter! And it has 63 *moons. Some of its moons are like small planets, and others are like pieces of frozen rocks and ice.

Studying Jupiter's moons has helped scientists learn more about the solar system. Scientists are especially interested in a moon named Europa. The conditions on Europa make it the most likely place besides Earth to have life in our solar system. It is covered in a layer of ice, and some scientists believe a liquid ocean lies beneath the icy surface. If this is true, Europa may have very simple life forms in these oceans, which would probably be too small to see without a microscope. The possibility that life could exist on Europa is very exciting.

But for now, we cannot explore Europa because it is too cold and far away. The spacecraft and robots that we have are not sturdy enough to land on the surface. However, in the near future, it will be possible to send one robot to melt some of the ice on Europa's surface and another to swim through its oceans. The information that these robots gather can change what we think about life beyond Earth.

*moon 위성(한 행성의 둘레를 도는 천체)

1 본문에서 색칠한 단어의 뜻을 문맥을 통해 추론해보세요.

* 튼튼한

consist of   *   * 가벼운

possibility   *   * 능력

sturdy   *   * ~로 구성되다

                               * 가능성

2　본문에 대한 설명과 일치하지 않는 것을 고르세요.

① 태양계에서 가장 큰 행성은 목성이다.

② 목성은 63개의 위성을 가지고 있다.

③ 목성의 부피는 지구보다 크다.

④ 현재 보유한 우주선과 로봇으로 유로파에 착륙할 수 있다.

⑤ 목성 중 유로파는 과학자들이 가장 흥미로워하는 달이다.

3　밑줄 친 This가 가리키는 것을 본문에서 찾아 쓰세요.

> <u>This</u> is one of the moons in Jupiter and covered in a layer of ice.

4　대화의 빈칸에 알맞은 단어를 본문에서 찾아 쓰세요.

> Question: Why are scientists especially interested in Europa?
>
> Answer: Because _____ could exist on Europa.

If you were a boy born in the ancient Greek city-state of Sparta, you would face many obstacles as you grew up.

(A)　　Until you turned 20, you trained in armed combat and warfare. Once you became 20, you would be tested as a soldier. If you successfully passed the test, you would become a Spartan citizen and soldier. The Spartan army never lost a battle until the Battle of Leuctra in 371 BC. This is why Spartan soldiers were considered the best.

Words

face
obstacle
combat
warfare
citizen
wilderness
forage
strict
nurse
march
barefoot
loyal
overcome

(B)   After those difficult five years, you would be sent out
into the wilderness. You would be either alone or with a few
companions. You would have to survive for a year in the wilderness.
You would have to forage for food, defend yourself from wild animals,
and survive the harshness of nature. If you survived one year, you
could return to the military.

(C)   Until you were seven years old, you lived at home with
a strict nurse. Once you turned seven years old, you moved into a military
barracks with other seven-year-old boys. You would live there until you
were twelve. During those five years, you would learn to fight, to survive,
and to march barefoot. You would be taught to be loyal to Sparta. You
would learn to suffer and overcome difficulties.

정답 및 해설 P.7

단어 추론 ⭐

1 본문에서 색칠한 단어의 뜻을 문맥을 통해 추론해보세요.

		·	군무기
obstacle	*	·	장애
military barrack	*	·	군 막사
overcome	*	·	극복하다
		·	직면하다

2 본문을 순서에 맞게 배열하세요.

_____ → _____ → _____

3 본문에 대한 설명과 일치하지 <u>않는</u> 것을 고르세요.

① Once you became 20, you would be tested as a soldier.

② The Spartan army never lost a battle until the Battle of Leuctra in 371 BC.

③ Until you were seven years old, you lived at home with a strict nurse.

④ You would live in military barracks until you were twenty.

⑤ During living in military barracks, you would learn to fight, to survive, and to march barefoot.

section

3

section words

beheaded	목이 벤, 처형된	murder	살인
bet	내기	official	공식적인
confused	혼란스러운	opportunity	기회
criminal	범죄자	papier-mache	종이반죽의
drown	익사하다	prison	감옥
due to	~때문에	raft	뗏목
empty	비어있는	remove	제거하다
escape	탈출하다	request	요청
execute	처형하다	resist	참다
execution	처형	royalty	황실
frequently	흔히, 자주	scary	무서운
gently	부드럽게	scoop up	들어 올리다
give birth to	~를 낳다	screwdriver	스크루 드라이버
hallway	복도	sneak out	슬쩍 나가다
hammer	망치	take place	일어나다
immediately	즉시	tourist	관광객
intensive	집중적인	violent	폭력적인
investigation	조사	whisper	속삭이다
mainland	본토	witness	목격하다

31

런던탑은
유럽이 산다?!

Words

official
due to
murder
execution
take place
witness
execute
royalty
give birth to
beheaded
frequently

"The Bloody Tower" of England is said by many to be one of the most terrifying places in the world. Although its official title is the Tower of London, it was named the Bloody Tower due to its long history of murders, executions, and deaths that took place inside it. Ghosts of British royalty have been witnessed by many people who have visited the tower.

(a) The ghost most commonly seen in the tower is the ghost of Anne Boleyn. She was once the queen of England and was married to King Henry VIII. However, the king sent her to the tower to be executed. The reason is that because she was cursed, she couldn't give birth to a boy.

She was beheaded in the tower in 1536. There are also (b) ghosts of two little boys who are frequently seen. They were the sons of King Edward V. They were sent in the tower by their uncle on the grounds of protection after their father's death. However, it is believed that they were no longer seen after being sent to the Tower of London.

단어 추론

1 본문에서 색칠한 단어의 뜻을 문맥을 통해 추론해보세요.

		*	목이 베어진, 처형된
terrifying	*	*	무서운
give birth to	*	*	~와 함께
beheaded	*	*	~를 낳다
		*	저주 받은

2 본문에 대한 설명과 일치하지 <u>않는</u> 것을 고르세요.

① Many people say that the Tower of London is one of the scariest places in the world.

② Various ghosts have been seen in the Tower of London

③ The ghost of Anne Boleyn is the most commonly seen in the Tower of London.

④ Anne Boleyn was once the queen of England and was married to King Henry VIII.

⑤ King Edward V was put in the tower by his uncle after his father's death.

3 위 글의 밑줄 친 <u>ghost</u> 가 가리키는 대상을 찾아서 영어로 쓰세요.

(a) The ghost : _____

(b) ghosts : _____

연장이
필요한 의사

Words

screwdriver
confused
request
hammer
resist

An old doctor came to a man's house because his son was ill. After going into the son's bedroom, the old doctor came out and asked the man for a screwdriver. Although the man was confused by his request, he got out his toolbox and gave the doctor a screwdriver. The doctor took the screwdriver and went back inside. A few minutes later, he came out of the bedroom again and asked the man for a hammer. The man could no longer resist asking.

"Why do you need a hammer? Why do you need a screwdriver? What are you doing in there to my son?" "Nothing," replied the doctor. "My bag won't open."

1 본문을 읽고 추론할 수 <u>없는</u> 것은 무엇인가요?

① 아버지는 아들이 병이 나서 의사를 불렀다.

② 의사는 아들을 진찰하려고 자신의 진찰가방을 가져왔다.

③ 의사의 진찰가방을 고치는데 드라이버와 망치가 필요했다.

④ 아버지는 아들의 방에 의사와 함께 있었다.

⑤ 아버지는 의사가 왜 드라이버와 망치가 필요한지 궁금했다.

2 본문에 대한 질문을 읽고 빈칸을 채우세요.

Question: Why did the doctor ask for the tools?

Answer: Because he couldn't _____ his _____.

탈출이 불가능한
알카트라즈 수용소

Words

tourist

prison

violent

scary

criminal

mainland

papier-mache

sneak out

escape

empty

hallway

raft

drown

intensive

investigation

Although Alcatraz Island is now known as a beautiful tourist location, it was once a very different place. It had a prison that held the most violent and scary criminals in America. Because of the island's location, no prisoner ever successfully escaped to the mainland.

There is only one account of prisoners possibly escaping the island. In June 1962, three prisoners by the names of Clarence Anglin, John Anglin, and Frank Morris had a plan. They put papier-mache heads into their beds to fool the guards, sneaked out of the building through an empty hallway, and left Alcatraz Island on a raft. ___(A)___, that is where the trail ends, and no trace of them were ever found again.

As one might expect, this event fascinated everyone. Some people said the men survived while some said they drowned in the water. ___(B)___, after years of intensive investigation, the FBI stated in a legal document that the men had drowned. However, the three men are still on the wanted list of various *law enforcement agencies. The mystery of whether the prisoners successfully escaped lives on to this day.

*law enforcement agency 법 집행 기관

단어 추론

1 본문에서 색칠한 단어의 뜻을 문맥을 통해 추론해보세요.

		*	불법적인
violent	*	*	폭력적인
drown	*	*	합법적인
investigation	*	*	조사
		*	물에 빠져 죽다

2 본문의 빈칸 (A)와 (B)에 들어가기 알맞은 것을 고르세요.

① However- Finally

② Furthermore- Finally

③ However- In other words

④ In other words- However

⑤ However- Furthermore

3 본문을 읽고 추론할 수 <u>없는</u> 것은 무엇인가요?

① Alcatraz Island used to have a prison.

② There was only one trial to escape from the island.

③ Alcatraz Island is now visited by tourists.

④ We can still find the three prisoners on the wanted list.

⑤ The FBI concluded that the men who left the island all drowned.

정답 및 해설 P.9

딸바보
부부

Words

bet
opportunity
whisper
immediately
gently
remove
scoop up

*She will say
her first words
soon!*

My wife and I have made a bet to see what our little girl would say first – 'Mommy' or 'Daddy.' My wife always tells our little girl how much she loves her when she feeds her. She uses every opportunity to make our little girl talk. My wife whispers to her every time, "Say 'Mom', 'Mom'!"

I know I am still going to win our bet, because our little girl is daddy's little girl. At first, she would always yell and cry, but my wife couldn't get her to be quiet. Only I could get her to be (A)<u>still</u>. I was her favorite parent. I bring our little girl into her own chair and my wife and I immediately begin talking to her – 'Mama!' 'Daddy!' 'Say Mama!' 'Who's daddy baby?'

정답 및 해설 P.10

I gently remove the tape from our daughter's mouth. "Who...are you? What do you want from me? Please, let me go..."

We both become very sad. With a sigh, I tape our little girl's mouth again as she begins to yell. I (B)<u>scoop</u> her <u>up</u> and take her back to the room, put her in her cage, lock the door, and turn off the lights. When I come back, my wife is crying. "Don't cry, sweetheart, don't cry," I say, "We'll try another one."

정답 및 해설 P.10

단어 추론

1 본문에 밑줄 친 (A)와 바꿔도 문맥이 어색하지 않은 단어를
본문에서 찾아 쓰세요.

_____

2 본문에 밑줄 친 (B)의 뜻을 문맥을 통해 추론해보세요.

_____

3 본문의 내용에서 추론할 수 있는 것을 고르세요.

① 부부는 외동딸을 키운다.

② 아내와의 내기에서 남편이 이겼다.

③ 아이는 아빠를 엄마보다 더 좋아한다.

④ 아이가 처음으로 뱉은 말은 "엄마"였다.

⑤ 아이를 조용히 만들 수 있는 것은 남자다.

section

4

section words

advanced	진보한, 발전된	infection	감염
agree	동의하다	injury	부상
alliance	동맹	insist	주장하다
ambition	야망	interfere in	개입하다
annually	매년	interfere with	방해하다
appear	나타나다	invade	침입하다
archaeologist	고고학자	mummy	미라
arrive	도착하다	murder	살해하다
as soon as	~하자마자	odd	이상한
at least	최소한	oppose	반대하다
athlete	운동선수	outstanding	뛰어난
award	수여하다	pace	속도
conclusion	결론	participate	참여하다
confused	혼란스러운	pay attention	집중하다
Congress	국회	perhaps	아마도
conquer	정복하다	personnel	인원
damage	손상을 입히다	prove	증명하다
declare	선언하다	quit	그만두다
disappear	사라지다	rule	규칙
discover	발견하다	skeptical	회의적인
distance	거리	skull	두개골
embarrassed	당황한	steady	꾸준한
examine	조사하다	supply	공급(물자)
expand	확장하다	take	차지하다
faithfully	성실하게	technology	기술
gather	모이다	teenager	십대
illness	병	tomb	무덤
immediately	즉시	treasure	보물
in order to	~하기 위하여	wonder	궁금해하다
in turn	차례로		

45

13

꿀잼독해를
공부했다면
당신은 그걸
맞출 수 있었어

Words

rule
in turn
agree
embarrassed
immediately

A beautiful woman was sitting at a cafe looking outside the window. A tall man sat next to her and invited her to play a quiz game. The game's rule was very simple. They asked each other any questions in turn. However, if she couldn't answer his question, she'd pay $3, and if he couldn't answer her question, he'd pay $300. The woman became interested in playing and agreed. The man asked, "How many moons does Jupiter have?" Embarrassed, the woman (a) handed the man 3 dollars. Then she asked the man, "What goes up a mountain with three legs and comes down with four?" (b) Confused, the man thought for a very long time but ended up giving her $300. "What is it?" he asked her. The woman immediately gave him three dollars from her purse.

1 본문에서 색칠한 단어의 뜻을 문맥을 통해 추론해보세요.

· 동의하다

agree   ·   · 초대하다

embarrassed   ·   · 간단한

immediately   ·   · 즉시

· 당황한

2 다음 밑줄 친 (a), (b)와 문맥상 바꿔 쓸 수 있는 단어를 본문에서 각각 고르세요.

(a) handed   →   _____

(b) Confused   →   _____

3 본문에 대한 설명과 일치하는 것을 고르세요.

① 여자는 남자가 낸 문제를 모두 맞췄다.

② 남자는 여자가 낸 문제를 모두 맞췄다.

③ 게임을 제안한 것은 남자였다.

④ 남자는 여자가 마음에 들었다.

⑤ 이번 내기로 남자는 돈을 벌었다.

section 04

47

정답 및 해설 P.11

14

젊은 왕
투탕카멘의
죽음에 대한
의문점

Words

teenager
tomb
discover
archaeologist
treasure
mummy
examine
skull
wonder
injury
perhaps
murder
advanced
technology
conclusion
illness
infection
prove

Tutankhamen is a young Egyptian pharaoh who died as a teenager. When his tomb was discovered by archaeologists, they found lots of treasure. They also found the mummy of Tutankhamen. Many stories were told about why he died so young. In 1968, some scientists examined the mummy. They discovered Tutankhamen's skull had been damaged. So, they began to wonder if he died of a head injury. Or, did someone kill him with envy at his power and wealth? Many years later, in 2005, scientists examined Tutankhamen's mummy again. This time, they used more advanced technology called a CT scanner to examine the mummy.

The scientists discovered that the damages in his skull were actually caused by the archaeologists who discovered him. Finally, they made the conclusion that Tutankhamen was most likely killed by an illness caused by an infection. (A)_____, this also has not been proven. The cause of Tutankhamen's death is still a mystery.

정답 및 해설 P.12

정답 및 해설 P.12

1 Tutankhamen에 관한 설명과 일치하지 않는 것은?

① 어린 나이에 죽은 이집트 파라오이다.

② 무덤이 발견 되었을 때 많은 보물과 미라가 함께 발견 되었다.

③ 2005년 조사에서는 신형기술을 사용하여 미라를 조사했다.

④ 투탕카멘의 두개골의 상처는 그의 죽음과 관련이 있다.

⑤ 그의 죽음에 대한 정확한 원인은 아직 밝혀지지 않았다.

2 본문의 빈칸(A)에 들어갈 말로 가장 정확한 것은?

① For example   ② However   ③ In brief

④ On the contrary   ⑤ In fact

3 본문의 주제로 가장 알맞은 것은?

① How to examine a mummy

② Why ancient people died so young

③ The causes of Tutankhamen's death

④ The new technology, CT scanner

⑤ How to become a great scientist

Can you believe if the race between the rabbit and the turtle actually happened? In Australia, a long-distance race from Sydney to Melbourne is held annually. Because the distance between the two cities is about 500 miles, runners often spend at least five days on the road. A great number of outstanding athletes gather in Australia to participate in the race. This is where Cliff Young comes in. In 1983, when many athletes were preparing to run, they saw (A)an odd sight. A 61-year-old man, in *overalls and rubber boots, was standing at the line! Racers and audience members were all very confused. However, this man, who was Cliff Young, insisted that he would participate in the race. "I live on a farm, and every day, I run around gathering 2,000 animals. Sometimes, I have to run for three days straight!" he told them. The racers were (B)skeptical, but since the race was about to begin, they paid no more attention to him. As soon as the race began, the runners disappeared far ahead of Cliff.

*overall 옷 위에 헐렁하게 걸치는 주로 멜빵으로 된 작업복

Words

annually
distance
at least
outstanding
athelete
participate
gather
odd
confused
insist
skeptical
pay attenteion
as soon as
disappear
steady
pace
quit
arrive
award

However, Cliff was calm and continued at a steady pace. Many wondered how soon he would quit. However, Cliff continued to run. He eventually began passing one runner after another who had taken a break to sleep. After five days, the first runner to arrive in Melbourne was Cliff, and he was awarded a prize of $10,000.

1 본문에서 색칠한 단어의 뜻을 문맥을 통해 추론해보세요.

                             · 도착하다

gather   ·   · 외모, 겉모습

distance   ·   · 모이다

arrive   ·   · 거리

                             · 해마다

2 선수들이 본 밑줄 친 (A) an odd sight가 의미하는 것을 한글로 적으세요.

_____

3 선수들이 Cliff Young에 대해 (B)skeptical한 태도였던 이유가 무엇일까요.

① 그가 경주에 늦었기 때문에

② 너무 마르고 몸이 불편해 보여서

③ 선수로서는 적합해 보이지 않아서

④ 가난해 보였기 때문에

⑤ 우승하고자 하는 의지가 안 보여서

4 본문의 주제와 관련된 속담을 고르세요.

① Don't judge a book by its cover.

② No smoke without fire.

③ Empty vessels make the most sound.

④ Many drops make a shower.

⑤ Do as you would be done by.

5 Cliff Young에 대한 설명과 일치하지 <u>않는</u> 것을 고르세요. (2개)

① He is 61 years old who lives on a farm.

② He attracted others' attention because of his clothes.

③ He said that he run around gathering a lot of animals every day.

④ Everyone there thought he would quit soon.

⑤ Finally, he was awarded a prize.

In 1941, many countries in the world were at war. In Europe, Germany and Italy were fighting to expand their territories. Germany conquered many countries, including the Netherlands, Poland, Denmark and France. Germany also attacked Great Britain. The war in Europe had spread into Africa, with German and Italian troops fighting British troops in North Africa. Japan joined an alliance with Germany and Italy. This alliance was called *the Axis. Japan's ambition was to take over Southeast Asia and the South Pacific.

Words

expand

conquer

alliance

ambition

take over

oppose

interfere in

interfere with

invade

in order to~

supply

damage

declare

personnel

Congress

declare

The U.S. had not entered the war even though they sent ships filled with supplies to Great Britain. While many Americans were eager to join the war to stop the Axis from taking over Europe and Asia, many were also opposed. They felt that the United States should not interfere in issues so far away.

It was President Franklin Roosevelt who wanted to stop Japan from invading countries in Asia. In early 1941, he ordered to move the U.S. warships in the Pacific from San Diego, California to Pearl Harbor in Honolulu, Hawaii.

Japan needed oil. *The Dutch East Indies, which is now Indonesia, had a large supply of oil. The Japanese government decided to invade the Dutch East Indies in order to have an oil supply. They also developed a plan to keep the U.S. from interfering with the invasion.

정답 및 해설 p.14

On Sunday, December 7, 1941, over 350 Japanese war planes from six *aircraft carriers began bombing the U.S. ships at Pearl Harbor. Even though the attack was short and lasted only 90 minutes, the result of this surprise attack was (a)devastating. Eight U.S *battleships were damaged and even four were sunk. Eleven other ships, including *cruisers and *destroyers, were sunk or damaged, and 300 U.S. planes were also destroyed or damaged. Over 2,400 U.S. military personnel were killed, mostly on the USS Arizona, and 1,282 were injured. Congress declared a war on Japan on December 8, and on Germany and Italy on December 11. The U.S. entered World War II.

*the Axis 추측국
*The Dutch East Indies 네덜란드령 동인도 제도
*aircraft carrier 항공모함
*battleship 전함
*cruiser 순양함
*destroyer 구축함

정답 및 해설 P.14

1 본문에서 색칠한 단어의 뜻을 문맥을 통해 추론해보세요.

· 정복하다

expand · · 확장하다

conquer · · 공급하다

interfere · · 침략하다

· 간섭하다

2 본문의 주제를 완성하는데 적절한 것을 고르세요.

> The reason why _____.

① Japanese war planes were destroyed

② the United States was involved in World War II

③ World War I started

④ an alliance called Axis were formed

⑤ Japan needed a lot of oil.

3 다음 밑줄 친 단어 (a)와 문맥상 바꿔 쓸 수 있는 단어를 고르세요.

① confusing

② exciting

③ terrible

④ amicable

⑤ gorgeous

4 본문에 대한 설명과 일치하지 <u>않는</u> 것을 고르세요.

① 1941년, 일본은 진주만에서 미국을 선제 공격했다.

② 일본은 독일과 이탈리아와 동맹을 맺었다.

③ 미국은 처음부터 전쟁에 참여했다.

④ 일본의 아시아 침략을 저지하길 희망한 건 루즈벨트 대통령이다.

⑤ 일본은 석유 때문에 네덜란드령 동인도 제도를 침략하기도 결정했다.

Once, there was a man who was in love with a woman.

The man asked the woman,

"Would you believe me if I said that I liked you?"

The woman replied that she would not believe him.

The man asked her why.

The woman replied,

"You don't like me, you love me!"

한때 한 여자에게 사랑에 빠진 한 남성이 있었다.
그 남자는 여자에게 말했다.

"제가 당신을 좋아한다고 하면 믿을 건가요?"
여자는 그를 믿지 못한다고 대답했다.
남자는 왜 그런지 여자에게 물었다.
여자는 대답했다.

"당신은 나를 좋아하지 않아요, 나를 사랑하는 거지요!"

section

5

section words

accident	사고, 사건	journalist	기자
anymore	더 이상	lick	핥다
article	기사	lower	낮추다
available	이용할 수 있는	mysterious	기이한
barbershop	이발소	overcome	극복하다
blind	장님	promptly	신속하게
bump into	부딪히다	recognize	인정하다
colleague	동료	recruit	모집하다
crack	깨지다, 부서지다	reply	대답하다
curse	저주하다	rumor	헛소문
decode	해독하다	set off	출발하다
develop	발전시키다	shave	면도
eventually	결국에	snicker	낄낄 웃다
fortunately	다행히도	soldier	군인
hence	이런 이유로	stranger	낯선 사람
honor	존경(하다), 명예	stumble	발을 헛디디다
information	정보	workplace	직장
inscribe	새기다		

61

17

Words

barbershop

shave

promptly

snicker

reply

lick

A man was at a barbershop to get a shave. While he was relaxing in his seat, a young girl entered the shop. With a mean smile, the barber told the man to pay attention; he would show him how stupid the young child was. The barber called the girl to come to him. When she was in front of him, the barber took out a dollar bill in his left hand and two quarters in the other hand. The barber then asked the girl which one she wanted. The girl promptly chose the two quarters and left. Snickering, the barber told the man how foolish the young girl was _____.

After his shave, the man was walking home when he saw the young girl coming out of the candy store. "Little girl," he called out to her. "Why did you choose the quarters?" Licking her lollipop, the girl replied, "Because, if I take the dollar bill, the game ends!"

1 본문에 대한 설명과 일치하지 <u>않는</u> 것을 고르세요.

① 남자가 차례를 기다리는 동안 여자아이가 이발소에 들어왔다.

② 이발사는 어린아이를 자기 앞으로 불렀다.

③ 어린아이는 25센트 두 개를 선택했다.

④ 남자는 집에 가는 길에 그 여자아이를 만났다.

⑤ 남자는 여자아이에게 왜 25센트 두 개를 선택했는지 물었다.

2 본문의 빈칸에 들어가기 가장 적절한 것을 고르세요.

① because she took two quarters that is less worth than a dollar.

② because she knew the barber was playing a game.

③ because she comes every day to get money from him.

④ because she did not beg other people in the shop to give her some money.

⑤ because she took a dollar instead of two quarters.

18

불행과
행복

Words
accident
eventually
blind
fortunately
workplace
set off
stumble
bump into
stranger
colleague
overcome

A terrible accident happened to a woman. She was working in her office when she hurt her eyes. She eventually became blind. (A)_____, she could still continue to work, her kind husband took her to work every day. (B)_____, one day he asked her to go to work by herself, because her workplace was far from his. The woman was very disappointed. But, she agreed to her husband's request. The next day, she set off (a)<u>on her own</u>. She stumbled many times and bumped into strangers. It was very difficult for her. One of her colleagues one day congratulated her for overcoming her fears. She also congratulated her for having such a great husband. The woman asked why she said that. "Oh, I noticed him sitting across from you on the bus every day." the colleague said. "He always blows a kiss to you too!" When the woman heard this, she became (b)<u>overwhelmed with emotion</u>.

1 본문의 빈칸 (A), (B)에 알맞은 것을 고르세요.

① Fortunately – Moreover

② Fortunately – However

③ Unfortunately – Moreover

④ Unfortunately – However

⑤ Unfortunately – In other word

2 본문에 밑줄 친 (a)on her own와 바꿔 쓰기 가장 적절한 표현을 본문에서 찾아 쓰세요.

_____

정답 및 해설 P.16

3 본문에서 장님 여자에 대해 언급되지 <u>않은</u> 것은 무엇인가요?

① She was working in her office when she hurt her eyes.

② She could continue to work.

③ She stumbled many times and bumped into strangers on the way to work.

④ She eventually became very good at finding her way.

⑤ Her husband was always at home when she was being on the way to work.

4 본문의 마지막에서 그녀가 (b)<u>overwhelmed with emotion</u>된 이유가 무엇일까요?

① 아무리 생각해도 화가 나서

② 남편의 자상함에 감동받아서

③ 동료의 행동에 기분 좋아져서

④ 자신의 신세가 처량해서

⑤ 희망에 부풀어서

```
15/11-jwa
Subject:      Enlistment of Navaho Indians.
- - - - - - - - - - - - - - - - - - - - - - - - - - - - -
        4.    It is therefore recommended that an effort be
made to enlist 200 Navaho Indians for this force.  In addition
to linguistic qualifications in English and their tribal dia-
lect they should have the physical qualifications necessary
for messengers.

                                    CLAYTON B. VOGEL
- - - - - - - - - - - - - - - - - - - - - - - - - - - - -
Copy to CG, AFAF.
- - - - - - - - - - - - - - - - - - - - - - - - - - - - -
```

During World War 2, 29 Navajo men were recruited by the United States Marines to make military code in the Navajo language. They developed a system which used Navajo and other native American languages as code. Because some words in English did not exist in Navajo, such as the word "tank", they often had to be very creative. For example, for tanks, they used the word "wakare-ee", which means turtle. From the beginning of their work in 1942 until the end of the war, the codes created by the Navajo men were never (a)cracked. Over thousands of messages were created, but none were ever decoded. After the war ended, the Navajo men returned to their families. They were not allowed to tell anyone of their work. It wasn't officially recognized for over 26 years.

Words
recruit
develop
crack
inscribe
recognize
honor
decode
available

정답 및 해설 P.17

But, in 1968, the United States military let their work be known to the public. In 2001, many years after they had helped win the war, the Navajo men who were still alive were given *Congressional Medals of Honor. On each medal's backside, a Navajo message was inscribed, which said, "They defeated the enemy with the Navajo tongue". After many years, their part in helping the United States win the war was recognized and honored.

*Congressional Medals of Honor 의회 훈장

1 본문에서 색칠한 단어의 뜻을 문맥을 통해 추론해보세요.

· 물리치다, 이기다

recruit · · 모집하다

recognize · · 존경하다

defeat · · 허락하다

· 인정하다

2 밑줄 친 (a)cracked와 바꿔 쓸 수 있는 단어를 본문에서 찾아 쓰세요.

_____

3 다음 문장은 본문의 내용입니다. 빈칸에 알맞은 단어를 본문에서 찾아 쓰세요.

_____ made by Navajo men had helped United
States win the war.

① The machine   ② The military codes   ③ The tank

④ The tools   ⑤ The medals

4 본문에 대한 설명과 일치하지 <u>않는</u> 것을 고르세요.

① No one ever decoded the military codes created by the Navajo men.

② To make military codes in Navajo language, Navajo men were recruited.

③ Until 1942, Navajo men had created the codes.

④ Navajo men had to keep their work secret even after the war.

⑤ Some Navajo men were given Congressional Medal of Honor.

20

Words

journalist
mysterious
curse
hence
rumor
lower
anymore
soldier
information
article

One day, in Japan, a journalist got a mysterious letter. The letter said that Kinosa town is cursed from J. Her boss wanted her to bring some interesting news for the company. Hence, the journalist went to Kinosa town.

When she arrived in Kinosa, she came across the village head. He told her that there was no curse. It was just a stupid rumor. (A)_____, she prepared to go back to the company. Before leaving, she took a picture of the town and sent it to her boss.

When she looked through the camera, she saw a young girl wearing a bright red coat. However, when she lowered her camera, the girl wasn't there anymore! The journalist began to think that Kinosa was very strange. She decided to keep walking around. She soon saw a boy painting a picture of soldiers.

She asked him who the soldiers were. The boy replied that he and his friends were the soldiers and that they had fought in the war. She didn't believe him. However, she called her boss and asked him to search for the records of the names that the boy had told her. She then decided to leave Kinosa, because she could not find any information to write her article.

잘 이해하고 있나요?

1 위 글의 빈칸(A)에 들어갈 알맞은 말을 고르시오.

① Satisfied　　② Disappointed　　③ Excited

④ Annoyed　　⑤ Surprised

2 기자는 왜 키노사 마을에 갔는지 한글로 쓰세요.

_____

정답 및 해설 P.18

Just as she was about to walk towards the train station, someone grabbed her arm. It was the little girl with the red coat. She told the journalist that she was "J" and that she had sent her the letter. However, before she could say anything else, a crowd appeared. They grabbed J and took her away.

The journalist decided she had to stay and find out the truth about J and Kinosa. After walking around the town, she discovered where the crowd had taken J. At that very moment, her phone rang. When she answered, her boss told her that the names the boy told her were the names of soldiers that died long time ago. He also told her the name "Kinosa" meant reincarnation. The journalist hung up. She was now convinced that the people in this town could remember their past lives. She soon found J. They decided to   (B) . While they were running away, the journalist promised J that she would never tell the secret of Kinosa to anyone. All of a sudden, she was surrounded by the townspeople. J told her she had told this lie already many years ago. In fact, J had been killed because the journalist had not kept her promise to keep the secret hidden. The journalist tried to   (B)   but was unsuccessful. The people of Kinosa buried her alive.

1 다음 문장은 본문의 내용입니다. 빈칸에 알맞은 단어를 본문에서 찾아 쓰세요.

People in Kinosa remember the life before ————————.

2 위 글의 빈칸(B)에 공통으로 들어갈 단어를 고르시오.

① stay   ② play   ③ visit   ④ escape   ⑤ attack

종합문제

1 본문에서 색칠한 단어의 뜻을 문맥을 통해 추론해보세요.

· 저주

curse ·   · 묻히다

grab ·   · 둘러싸이다

convince ·   · 잡다

· 확신하다

2 본문에 대한 설명과 일치하지 <u>않는</u> 것을 고르세요.

① 키노사 마을의 촌장은 기자에게 저주는 없다고 말했다.

② 기자는 전생에도 J를 알았었다.

③ 기자가 만난 소년은 죽은 사람들의 이름을 알려줬다.

④ 기자는 이 마을에서 도망가려고 했다.

⑤ J는 기자를 구해준다.

Boy: Can I tell you something?

Girl: Of course you can!

Boy: Your smile is so beautiful.

Girl: Can I tell you something too?

Boy: Yes!

Girl: You're the reason why I smile every day!

남자: 제가 당신에게 무언가를 말해도 될까요?

여자: 물론이죠!

남자: 당신의 미소는 너무 아름답네요

여성: 저 역시 당신에게 무언가를 말해드릴까요?

남성: 네!

여성: 당신이 바로 제가 매일 미소 짓는 이유에요.

section

6

section words

acceptable	허용 가능한	garbage heap	쓰레기 더미
actual	실제의	gobble up	먹어 치우다
advance	진보하다	immediately	즉시
argue	주장하다	inhabit	살다
belong	속하다	justify	정당화하다
branch out	뻗다	knowledge	지식
bristle pine cone	소나무	lit on fire	불 붙이다
business trip	출장	not to mention	~은 말할 것도 없고
castle	성	opportunity	기회
chopsticks	젓가락	palace	궁궐
classify	분류하다	philosopher	철학자
coal mining	탄광업	pleasant	쾌적한
conclude	끝내다	poisonous	독성의
coworker	직장동료	preservation	보존
culture shock	문화충격	preserve	보존하다
debate	논쟁	remains	유물
deserve	~할 만하다	resident	거주자
destruction	붕괴, 파괴	rip apart	산산조각을 내다
due to	~때문에	ruin	파멸시키다
emphasize	강조하다	scientific	과학적인
environmental	환경의	spark	촉발시키다
examine	검사하다	underneath	~아래에
exotic	색다른, 이국적인	unfamiliar	낯선
fascinating	매혹적인	valuable	가치있는
flow	흐르다	various	다양한
fountain	분수		

21

세계에서 가장
오래된 나무를
잘라버림

Words

bristle pine cone
spark
debate
emphasize
scientific
environmental
preservation
examine
valuable
argue
acceptable
preserve
deserve
classify
belong
knowledge
justify

In the summer of 1964, a scientist cut down a tree in Nevada. It turned out that the tree, a bristle pine cone, was the oldest living thing in the world. Cutting down the tree sparked a debate between those who emphasized scientific study and those who emphasized environmental preservation. The tree,

called "WPN-114" by scientists, was believed to be from 3100 B.C. By cutting it down and examining the tree rings, some scientists believed they could (A)_____. They argued that cutting down WPN-114 in the name of science was acceptable. On the other side of the debate were those who wanted to preserve the environment. "Prometheus", as some named the tree (named after a figure in Greek mythology), deserved to be preserved as it was.

정답 및 해설 p.19

They believed that Prometheus was a living link to their past, and even classified the cutting of the tree as murder. Galen Rowell of the Sierra Club Bulletin argued that "the wood belonged in the mountains." Those who wanted to preserve the tree never agreed that cutting down the tree to gain scientific knowledge was (a) justified.

1 본문에서 색칠한 단어의 뜻을 문맥을 통해 추론해보세요.

· 속하다

spark ·   · 훼손

preservation ·   · 정당화하다

belong ·   · 촉발시키다

· 보존

2 본문의 "WPN-114"에 관한 설명으로 옳지 <u>않은</u> 것은?

① It was the oldest tree in the world.

② "Prometheus" was the tree's another name.

③ Galen Rowell is the scientist who agreed on cutting down the tree.

④ Cutting down the tree was a controversial issue.

⑤ Some scientist argued that cutting down the tree is more worth than preserving it.

3 본문의 빈칸 (A)에 들어갈 알맞은 말은?

① learn very valuable information about the past

② guess where the tree has originated from

③ learn how to cut a tree in a scientific way

④ guess when the tree will stop growing

⑤ learn how to preserve an old tree like WPN-114

4 밑줄 친 (a) <u>justified</u>와 바꿔 쓸 수 있는 단어를 본문에서 찾아 쓰세요.

_____

정답 및 해설 p.19

Words

philosopher
advance
fountain
not to mention
flow
due to
remains
conclude
inhabit
ruin
rip apart
actual

The Greek philosopher Plato wrote about a city called Atlantis thousands of years ago. According to Plato, Atlantis was described as an ideal city where people were advanced in math, science, and engineering. Not to mention that the buildings and gardens were beautiful, hot and cold waters flowed in the fountains. This magnificent city, (A)_____, became ruined by a terrible flood due to people in Atlantis not properly worshipping the gods. Ever since, because the location of the city was never clear, people have wondered if Atlantis really existed. Some people believe Atlantis was once

located on the Greek island of Santorini. The island was inhabited by the Minoans, who advanced scientific knowledge. (B)_____, Santorini was ripped apart by a volcanic eruption around 1500 BC, which could explain the lack of any remains of the city. Others think Atlantis was on Easter Island in the Pacific Ocean because Plato described gigantic statues like the ones that have been found there. Still other people place the lost city in the mountains of Bolivia, in the China Sea, or in Africa.

Despite the efforts to find the actual location of Atlantis, no remains from Atlantis were found. Finally, many experts concluded that Atlantis was made up, a perfect city that existed only in Plato's mind.

1 본문에서 색칠한 단어의 뜻을 문맥을 통해 추론해보세요.

	· 거주하다
ruin ·	· 결론을 내리다
inhabit ·	· 실제의
actual ·	· 상상의
	· 파멸시키다

2 본문의 빈칸 (A), (B)에 들어갈 알맞은 접속사를 고르세요.

(A)		(B)
① however	–	Moreover
② however	–	In other words
③ however	–	For example
④ furthermore	–	In other words
⑤ furthermore	–	For example

3 본문에 대한 설명과 일치하지 않는 것을 고르세요.

① Plato wrote about a city called Atlantis thousands of years ago.

② Atlantis became known as an ideal city thanks to Plato.

③ People have wondered if Atlantis really existed.

④ Some people found that Atlantis was once located on the Greek island of Santorini.

⑤ Santorini was ripped apart by a volcanic eruption around 1500 BC.

WARNING - DANGER

UNDERGROUND MINE FIRE

WALKING OR DRIVING IN THIS AREA COULD
RESULT IN SERIOUS INJURY OR DEATH

DANGEROUS GASES ARE PRESENT

GROUND IS PRONE TO SUDDEN COLLAPSE

Commonwealth of Pennsylvania
Department of Environmental Protection

23

50년째 불타는 도시

section 06

85

Centralia, Pennsylvania was once a pleasant place to live in. Centralia was located in an area known for coal mining. It had many job opportunities, good schools, and a fine library. There was a lot of coal underneath the town. It branched out like the roots of an oak tree. This coal was both the source of their wealth and the cause of their destruction. In 1961, fire from a garbage heap went underground. It lit the coal underground on fire. The fire travelled fast. (A) <u>It</u> gobbled up all the coal that stretched out underneath the town.

Words

pleasant
coal mining
opportunity
underneath
branch out
destruction
garbage heap
lit on fire
gobble up
poisonous
resident

The burning coal released poisonous gases into people's houses. They could not stop the underground fire. The fire was expected to burn for 250 years! Although many people decided to leave the town, a few stayed. The town's highway was destroyed by the fire, and empty houses were destroyed by the government. Today, people visit the area to see how Centralia has changed. Only a few residents remain in the ruins of the town, dreaming of a future that will never come.

1 본문에서 색칠한 단어의 뜻을 문맥을 통해 추론해보세요.

	· 방출하다
known for ·	· 주민
release ·	· 타다
resident ·	· ~로 알려진
	· 정부

2 밑줄 친 (A) It이 가리키는 것은 무엇인지 영어로 쓰세요.

_____

3 본문에 대한 질문을 읽고 빈칸을 채우세요.

> Question: What was the source of Centralia's wealth
>
> and the cause of its destruction?
>
> Answer: It was _____.

4 본문에 나온 센트렐리아에 대한 설명으로 옳지 않은 것을 고르세요.

① 1961년에 발생한 화재가 아직도 완전히 진압이 되지 않았다.

② 화재가 발생한 후 모든 거주민들이 떠났다.

③ 한 때 살기 좋은 장소이기도 했다.

④ 여기서 번진 불이 약 250년간 이어질 것이라고 예상된다.

⑤ 요즘에는 사람들이 센트렐리아를 방문한다.

24

줄리의 한국
여행기

Words

business trip
coworker
fascinating
unfamiliar
exotic
culture shock
chopsticks
palace
castle
various
iimmediately

Julie was going to join her father on his business trip to Korea. Julie was thirteen years old and had never been to Korea before. Because her father would be busy, she would have to be alone most of the time. However, her father told her one of his coworkers was also bringing his daughter on the trip. Perhaps (a) they could explore Korea together.

(A) At the hotel, after looking at the pictures of food on the TV, she decided to order Kimbap for lunch. She had fun eating the Kimbap, which were like small sushi pieces, with some chopsticks. When her dad was done with his work, he took her on a tour of a palace. A palace was like a castle with gardens, walls and guards. Julie has never seen like this. It was very exotic.

(B) After many hours of flying, Julie arrived in Korea. She felt at home in the airport, but felt culture shock when she stepped outside. It was both fascinating and a little unfamiliar.

정답 및 해설 p.22

(C) During the tour, she also could try on the traditional clothes called Hanbok. (b) <u>They</u> looked great on her. With wearing them, she took a lot of pictures to post on Facebook. The next day, Julie met Poly, the daughter of her father's coworker. Poly was also thirteen-year-old. They immediately liked each other and decided to go shopping. (c) <u>They</u> went to a store nearby. They were surprised when everything cost thousands, like 15,000 Won. That was only like 13 dollars, though.

They wanted to visit many places and try various kinds of Korean food together, but time passed really fast. So, they promised to visit Korea once again together one day.

1 본문에서 색칠한 단어의 뜻을 문맥을 통해 추론해보세요.

· 궁전

palace · · 성

exotic · · 전통적인

traditional · · 현대적인

· 색다른, 이국적인

2 위 글의 (a)~(c) They 가 가리키는 대상을 찾아서 한국말로 쓰시오.

(a) they: _____

(b) They: _____

(c) They: _____.

3 글의 흐름에 맞게 위 글을 순서대로 배열하시오.

——————— → ——————— → ———————

4 본문을 읽고 추론할 수 없는 것은 무엇인가요?

① 한국은 줄리에게 색다른 경험을 주었다.

② 줄리는 한복이 마음에 들었다.

③ 줄리는 한국에서 다양한 경험을 했다.

④ 줄리는 한국 여행이 즐거웠다.

⑤ 줄리는 자기나라에서도 김밥을 즐겨먹는다.

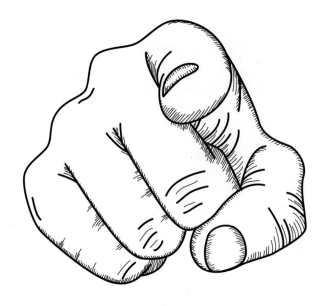

YOU! YES YOU!
THE ONE READING THIS

**You are charming, talented, amazing
and simply the best at being you.**
Never forget that.

당신! 그래요, 이 글을 읽고 있는 당신

당신은 매력적이고, 재능 있고, 놀라워.
그리고 그냥 당신 자체만으로도 최고야.
그걸 절대 잊지 마요.

section 7

section words

ancestor	조상	land	착륙하다
appease	달래다	majestic	위엄있는
celebrate	기념하다	painting	그림
certainly	분명히	play joke	농담하다
climb	오르다	portray	묘사하다
coffin	관	pulse	맥박
commonly	흔하게	reason	이유
deadly	치명적인	receive	받다
determine	결심하다	recognize	알아보다
discover	발견하다	sacrifice	희생하다
dress oneself	옷을 입다	save	구하다
embrace	포옹하다	scene	광경
fear	두려워하다	sensitive	예민한
feature	특징	shallow	얕은
firefighter	소방관	stair	계단
frantically	미친 듯이, 굉장히	starve to death	굶어 죽다
frighten	무섭게 하다	stick out	나오다
harmless	무해한	tradition	전통
immigrate	이주하다	vibration	진동
impressive	인상적인	white shark	백상아리
Irish	아일랜드의		

93

25

사랑하니까

Words

firefighter

frantically

determine

dress oneself

climb

stairs

embrace

sacrifice

save

land

There was a young married couple named James and Alice. One day, James was coming home when he saw a building on fire. There were many firefighters outside the building. He ran closer because he found out that it was his apartment building that was on fire! He knew his wife Alice was inside the building. He frantically asked the firefighters for help, but they could not enter the building because the fire was too strong. James was determined to save Alice. He went to a fire truck and dressed himself in a fireman's suit.

정답 및 해설 P.23

He then ran into the building. He climbed five flights of stairs to the apartment where he and his wife lived. He broke the door open and found Alice hiding in a closet. James embraced her and told her that he had come to save her. He told her that she would always be the love of his life. Alice became even more frightened and asked why he was saying so many strange things. James told her that he was going to die. As soon as he said that to her, he picked her up and jumped out the window. Alice landed on James' back and was saved. James had sacrificed himself to save his wife.

1 본문에서 색칠한 단어의 뜻을 문맥을 통해 추론해보세요.

· 구하다

determine ·   · 포옹하다

embrace ·   · 옷을 입다

sacrifice ·   · 희생하다

· 결심하다

2 본문에 대한 질문을 읽고 빈칸을 채우세요.

Question: Why was he saying so many strange things?

Answer: Because he was going to die in order to _____ his wife.

3 본문에 대한 설명과 일치하지 <u>않는</u> 것을 고르세요.

① 빌딩 밖에는 많은 소방관들이 있었다.

② 불이 난 빌딩은 James가 사는 집이었다.

③ James와 다른 소방관 들이 함께 Alice를 구하러 들어갔다.

④ Alice는 James에게 안겨서 빠져나올 수 있었다.

⑤ James는 부인을 위해 자신을 희생했다.

Sometimes, things are not what they seem. There was once a famous French artist named Jean-Francois Millet. One of his paintings, The Angelus, is a good example of something not being what it seems. The painting shows a scene where a couple is praying in the fields. This picture looks very peaceful. Indeed, many people who came to see the painting left feeling at peace. However, the famous Spanish painter Salvador Dali said that he felt fear and sadness after seeing the painting. A possible reason was discovered in 1963. the Louvre Museum discovered, after X-raying the painting, that there was actually a coffin underneath the potato basket in the painting!

In Millet's time, many French farmers could not feed their children, so many of them (A)_____. That is why Millet painted a coffin underneath a potato basket. Now that we know this, do you still think The Angelus is still a painting that portrays a peaceful scene?

Words

painting

scene

reason

discover

coffin

starve to death

portray

정답 및 해설 P.24

1 본문의 빈칸(A)에 들어가기 적절한 것을 고르세요.

① starved to death.　　② ate potatoes.

③ died from cold.　　④ died from heat stroke.

⑤ ate bread.

2 본문의 "The Angelus"의 관한 설명으로 옳지 <u>않은</u> 것은?

① 초원에서 한 커플이 기도하는 장면을 보여준다.

② 프랑스 화가 Salvador Dali가 그린 그림이다.

③ 1963년 루브르 박물관에서 X-ray 검사를 했다.

④ 감자바구니 밑에는 관이 그려져 있다.

⑤ 이 그림이 그려질 당시에는 많은 농부의 아이들이 아사했다.

3 본문에 대한 설명과 일치하지 <u>않는</u> 것을 고르세요.

① The Angelus is one of the famous paintings of Jean-Francois Millet.

② Salvador Dali was one of Millet's friends.

③ Louvre Museum examined the Angelus in 1963.

④ Salvador Dali felt fear and sadness after watching the Angelus.

⑤ A coffin was painted underneath a potato basket for the children who died from hunger.

Did you know that Trick-or-Treat is an Irish tradition?
Long time ago, the Irish believed that ghosts could return to the
*world on Halloween. They believed that many ghosts came back
because they missed their family and friends. However, they also
believed that there were many bad ghosts who came to play jokes
on people and frighten them. To appease them, the Irish put bowls
of fruit and milk in front of their house. If the ghosts liked what
was offered, it would *spare that house and go somewhere else.
If people could not stay at home during Halloween, they wore
masks and costumes. If the costumes were impressive or scary
enough, the Irish believed that the ghosts would not come near
them.

   As time passed, the custom of Trick-or-Treat changed to
become quite similar with how it is practiced today. During

Words

Irish
tradition
play joke
frighten
appease
impressive
receive
harmless
immigrate
celebrate

the Middle Ages, young men and women would knock on doors and say "trick-or-treat". If they didn't receive any treats, they played some harmless tricks on the person who answered the door.

Many Irish immigrated to the United States during the Great Potato Famine, bringing their Halloween traditions with them. Today, many countries all over the world celebrate Halloween in the Irish tradition.

*world 이승

*spare 면하게 해주다, 피하게 해주다

1 본문에서 색칠한 단어의 뜻을 문맥을 통해 추론해보세요.

                              · 농담하다

tradition   ·   · 기념하다

appease   ·   · 전통

immigrate   ·   · 달래다

                              · 이주하다

2 다음 문장은 본문의 내용입니다. 빈칸에 알맞은 단어를 고르세요.

> _____ was originated from Irish tradition to _____
> many ghosts.

① Halloween   –   believe
② Halloween   –   celebrate
③ Halloween   –   appease
④ Trick-or-Treat   –   play jokes
⑤ Masks and costumes –   play jokes

3 본문에 대한 설명과 일치하지 <u>않는</u> 것을 고르세요.

① 아일랜드 사람들은 유령들이 핼러윈에 이승으로 돌아오는 것이 가능해진다고 믿었다.
② 아일랜드 사람들은 핼러윈에 사탕과 과일을 담은 사발을 문 앞에 뒀다.
③ 핼러윈에 외출을 하게 되면 마스크를 쓰고 분장을 했다.
④ 시간이 지나면서 핼러윈 전통도 변했다.
⑤ 핼러윈은 아일랜드 전통이었지만 지금은 전세계에서 즐긴다.

영화 죠스의
주인공은
백상아리 입니다.

Words

great white shark
shallow
certainly
fear
ancestor
prehistoric time
worn out
electric
commonly
recognize

If the lion is the king of the jungle, then surely the great white shark is the king of the sea. The great white shark is found in every ocean in the world. They are usually out in the deep oceans, although they sometimes come to (a)<u>shallow</u> waters. The great white shark is one of the biggest animals in the sea and certainly one of the most feared. It also became famous through the movie, "Jaws".

Scientists believe that the great white shark's   (B)_____ was Megalodon, a shark that lived during prehistoric times. Megalodon could grow up to 20 meters long, and had teeth like long knives. Thankfully, the great white shark can't grow as big as Megalodon, but it also can grow up to be six meters long. The great white shark also has scary teeth that can be seven centimeters long. As their teeth get worn out, they fall out and new teeth grow.

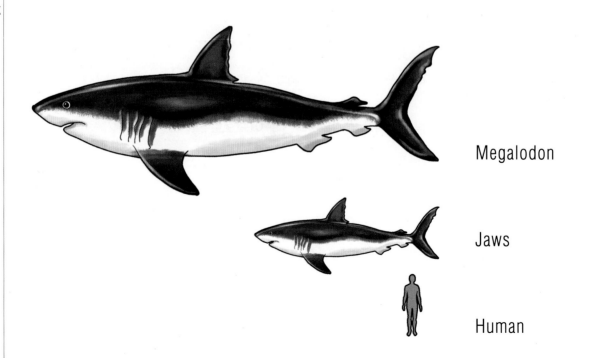

Megalodon

Jaws

Human

잘 이해하고 있나요?

1 다음 밑줄 친 (a)shallow의 의미를 문맥을 통해 추론하세요.

① 따뜻한   ② 얕은   ③ 깨끗한

2 위 글의 빈칸(B)에 들어갈 단어를 문맥을 통해 추론하여 고르시오.

① ancestor   ② friend   ③ teacher

Great white sharks have many features that make them deadly hunters. The most commonly recognized part of their body is the *dorsal fin that (a)<u>sticks out</u> of the water. The great white shark also has one fin on each side of the body. They are called *pectoral fins. They help them go up and down in the water. They also have tails that help them swim at speeds from 24-40 kilometers an hour. When they hunt, great white sharks use their skin to feel vibrations.

정답 및 해설 p.26

They also have very sensitive noses that can feel electric pulses made by moving animals. The great white shark even has special eyes that can look behind it.

It is believed that great white sharks live for about 30 years. Scientists are not sure of this, because it is very difficult to study these sharks in the wild. Hopefully, we will know more about the majestic animal in the future.

*dorsal fin 등지느러미
*pectoral fin 가슴지느러미

잘 이해하고 있나요?

1 위 글의 밑줄 친 (a)sticks out의 의미를 문맥을 통해 추론하여 쓰시오.

_____

2 백상아리는 사냥을 잘 하도록 신체가 발달되었는데
본문에서 언급되지 않은 곳을 고르세요.

① dorsal fin　　② tail　　③ ears

④ skin　　⑤ eye

종합문제

1 본문에서 색칠한 단어의 뜻을 문맥을 통해 추론해보세요.

· 떨어지다

wear out · · 헐거워지다,닳아지다

recognize · · 두려워하다

majestic · · 위엄있는

· 알아보다

2 본문에 대한 설명과 일치하지 <u>않는</u> 것을 고르세요.

① 정글의 왕이 사자라면, 바다의 왕은 백상아리임이 분명하다.

② 백상아리는 메갈로돈만큼 크게 자라지는 않는다.

③ 메갈로돈은 백상아리의 조상이라고 여겨진다.

④ 백상아리의 눈은 뒤에도 볼 수 있다.

⑤ 백상아리를 연구하기 위해 양식으로 기르기도 한다.

section

8

section words

accident	사고	hand	건네주다
avoid	피하다	hang oneself	목메어 죽다
backbone	척추, 등뼈	heart	심장
blast off	발사되다, 솟아오르다	insult	모욕하다
chameleon	카멜레온	invertebrate	무척추동물
chomp down on	우걱우걱 먹다	murderer	살인자
claw	발톱	oracle	신탁
coral reef	산호초	oversleep	늦잠자다
crack	틈	poisonous	독이 있는
curious	호기심을 끄는	predator	포식자
deadly	치명적인	professor	교수님
defeat	패배시키다	purse up lips	입술을 오므리다
disconnect	연결을 끊다	saliva	침
discover	발견하다	shepherd	양치기
disease	질병	spit	(침 따위를) 뱉다
distract	어지럽히다	stinky	악취가 나는
drive off	내쫓다	throw up	토하다
explain	설명하다	try one's best	최선을 다하다
fate	운명	undetected	발견되지 않은
final exam	기말고사	unknowingly	모르고
flat tire	펑크난 타이어	venom	독
gulp down	꿀꺽 삼켜버리다	weapon	무기

29

세상에 공짜는
없다

Two university students went to a party on the night before their final exam. They partied throughout the night and overslept the next morning. They missed their final exam and went to see their professor to explain why they were late. "A friend of ours had a serious accident last night and we had to take him to the hospital," they explained. "We tried our best to get back in time for the exam, but we got a flat tire and didn't have a spare." The professor gave them a second chance and let them take the exam on the following day. The next morning, the professor made them take the exam in separate rooms and handed each one a test paper. The first question was an easy one that was worth 5 points. The two students thought, "This is going to be easy." They answered the first question and turned to the next page. When they saw the second question, they panicked. The question was: Which tire? (95 points)

Words

final exam
oversleep
professor
explain
accident
try one's best
flat tire
hand

정답 및 해설 P.27

1 두 학생의 심경변화로 적절한 것을 고르세요.

① frustrated → peaceful

② relieved → embarrassed

③ furious → relieved

④ confused → pleasant

⑤ surprised → disappointed

2 본문에서 학생들이 시험을 보지 <u>못한</u> 이유는 무엇인가요.

① 시험시간을 잘못 알아서

② 교수님이 시험시간을 잘못 공지해주셔서

③ 파티에서 놀다가 늦잠을 자서

④ 친구가 큰 사고를 당해서 병원에 데려다 줘야 했기 때문에

⑤ 아파서 병원에 가야 했기 때문에

30

Words
curious
heart
avoid
predator
drive off
crack
coral reef
invertebrate
backbone
undetected
chameleon
blast off
disconnect
chomp down on
claw
poisonous
distract

The octopus is a curious animal. Not only does it have eight legs, but it has three hearts and a very large brain.

Octopuses have many different ways of avoiding their predators. One famous way an octopus drives off a predator is by shooting ink at it and disappearing. It can also hide in cracks of rocks or among coral reefs. An octopus can do this because it is an (a)<u>invertebrate</u>, which means it is an animal that has no backbone. Furthermore, they can stay on the sea floor, still undetected, because they have the ability to change the color of their skin like a chameleon.

In fact, changing the color of their skin can take less than a minute! Predators looking for the octopus will instead mistake it for a rock or a deadly sea serpent.

Octopuses can choose to run away from a predator. It

has a way to shoot water out of its body so that the octopus will blast off like a rocket. If the octopus doesn't have the time to run away, it can disconnect one of its legs. The disconnected leg will distract the predator. After the predator chomps down on the leg and looks around, the octopus will be long gone. Octopuses can re-grow their legs.

   Octopuses don't have sharp claws or teeth like other animals do. To survive, they must use their brain, just like humans do.

1   본문에서 색칠한 단어의 뜻을 문맥을 통해 추론해보세요.

	포식자
predator	커다란 뱀
undetected	끊어버리다
chomp down on	발견되지 않은
	우걱우걱 먹다

2 본문에 밑줄 친 단어 (a)invertebrate의 뜻을 문맥을 통해 추론해보세요.

_____

3 본문의 주제로 알맞은 것을 고르세요.

① 문어의 생존 전략들　　② 문어 요리 방법　　③ 문어의 치명적인 독

④ 문어의 생김새　　⑤ 문어의 천적

4 다음은 본문에 소개된 문어의 특징을 정리한 것입니다. 빈칸에 알맞은 단어를 써 넣으세요.

· An octopus can hide in c_____ in rocks or among coral reefs.

· An octopus can c_____ its skin color.

· An octopus can s_____ water out of its body in order to blast off like a rocket.

· An octopus can cut its leg, because it can r_____ its legs.

31

Although people don't have any particular reason to spit, there are some animals which depend on their spitting ability to survive. The llama, the archer fish, and the spitting cobra all use their ability to spit to achieve their goals.

Have you ever had a baby throw up on you? Well, if you have, then you know what it's like for a llama to spit on you. Llamas spit a mixture of saliva and food from their stomach at people or animals that annoy them. They especially spit on rivals that might steal their food. Because of the stinky smell, most animals will walk away after being spit on.

Words

spit

throw up

saliva

stinky

purse up lips

gulp down

venom

deadly

weapon

정답 및 해설 P.29

The archer fish spits water, not saliva, at its targets. It uses its spit like a gun to take down insects and small fish. Its targets can even be insects living out of water. When the archer fish finds an insect, it shoots a jet of water with pursing up its lips. When the insect falls into water, the archer fish gulps it down quickly.

The spitting cobra spits something worse than water or stinky saliva. It shoots venom! It is believed the spitting cobra aims its spit at the eyes. Its venom can injure and blind an animal or a person. The spitting cobra's spit is a deadly weapon.

1 본문에서 색칠한 단어의 뜻을 문맥을 통해 추론해보세요.

·　뱉다

spit　·　　　·　혼합

saliva　·　　　·　침

venom　·　　　·　독

·　특별한

2 뱉기 기술을 사용하는 동물들과 그들이 사용하는 주무기를 알맞게 연결하세요.

·　saliva

The llama　·　　　·　venom

The archer fish　·　　　·　poop

The spitting cobra　·　　　·　water

·　sand

3 다음 문장은 본문의 내용입니다. 빈칸에 알맞은 단어를 본문에서 찾아 쓰세요.

There are some animals which use their ⎯ ⎯ ⎯ ⎯ ⎯ ⎯ ⎯ ⎯ skill to survive. (8음절)

4 본문에 대한 설명과 일치하지 <u>않는</u> 것을 고르세요.

① 라마는 침뿐만 아니라 자신의 위 속에 있는 음식까지도 뱉는다.

② 라마는 주로 자신을 귀찮게 하는 사람이나 동물들한테 침을 뱉는다.

③ 물총고기는 물을 권총처럼 사용하여 먹이를 잡는다.

④ 독 뱉기 코브라는 침뿐만이 아니라 독도 뱉는다.

⑤ 독 뱉기 코브라의 독을 맞으면 실명할 수도 있다.

32

Long time ago in Greece, King Laius and Queen Jocasta of Thebes had a baby boy. An oracle told them that their son would kill the King one day and take the Queen as his wife. In order to stop this from happening, the King and Queen left the baby in the mountains to die. (A)_____, a shepherd found the baby, named him Oedipus, and took him to a good couple. His new parents raised him well, but did not tell him that they were not his actual parents. One day, when Oedipus became a young man, an oracle told him some bad news. The oracle told him that he would someday kill his father and marry his mother.

Thinking the kind couple to be his real parents, he left home forever to avoid his terrible fate. During his travels, Oedipus met a group of strangers. The strangers insulted him, so he fought them and kill them. By doing so, he unknowingly killed his father, King Laius, who was among the group.

Words

oracle
unknowingly
insult
defeat
disease
discover
murderer
shepherd
fate
hang oneself

잘 이해하고 있나요?

1 다음 문장은 본문의 내용입니다. 빈칸에 알맞은 단어를 본문에서 찾아 쓰세요.

His terrible destiny is that he would ——————— his own father and marry his own ———————.

2 다음 빈칸 (A)에 알맞은 접속사를 고르세요.

① However ② Moreover ③ For example

Oedipus continued on his travels and defeated a terrible creature outside Thebes. The people of Thebes were very glad and made Oedipus their new king. Oedipus married the Queen who was his father's wife. They did not know the truth about each other, and they had four children together.

One day, a disease spread in Thebes, so Oedipus asked the oracle how to save the city.
The oracle told Oedipus to find and kill the murderer of the former king, his father.

 (B) , Oedipus discovered the truth about his past. When the Queen heard the truth, she hung herself. When Oedipus found her dead, he blinded himself.

In the end, it seems that Oedipus was unable to avoid his fate.

잘 이해하고 있나요?

1 다음 빈칸 (B)에 알맞은 단어를 고르세요.

① Unfortunately   ② Luckily   ③ Surprisingly

2 다음 문장은 본문의 내용입니다. 빈칸에 알맞은 단어를 고르세요.

In the end, it seems that Oedipus was unable to _____ his fate.

① change   ② enjoy   ③ accept

종합문제

1 본문에서 색칠한 단어의 뜻을 문맥을 통해 추론해보세요.

· 고의로

oracle · · 모욕하다

insult · · 살인자

unknowingly · · 모르고

· 신탁

2 본문에 대한 설명과 일치하지 <u>않는</u> 것을 고르세요.

① 오래 전 그리스에서, 한 왕부부가 아들을 낳았다.

② 오이디푸스는 자신의 아버지를 고의로 죽였다.

③ 오이디푸스는 자신의 운명을 피하려는 노력을 했다.

④ 오이디푸스의 양부모는 양부모란 사실을 그에게 말하지 않았다.

⑤ 진실을 알게 된 오이디푸스의 어머니는 스스로 목숨을 끊었다.

스마트폰으로 가볍게 즐기는

핵꿀잼 리딩 e-book 출시

핵꿀잼 리딩 전자책에는 문제가 없으며,
더 많은 사진과 그림을 즐길 수 있습니다.

가격 7,500원

중고등 필수 영단어 3460단어 포함

교육부 지정 영단어 3000

단어 암기에 최적화된 구성
52개의 유사 단어별로 분류

타보름 교육부 지정

중고등
영단어
3000

단어테스트 3000제
무료 다운 taborm.com

교육부 지정

중고등영단어 3000

단어 테스트
3000제
무료 다운로드

<중고등내신, 수능, 공무원, 토익, 텝스, 편입>
모든 영어 시험 공통 기본단어 3460개

나의 영문법 수준은?

타보름

영어 실력의
진화가 시작된다

영문법 고릴라　〉〉〉　영문법 오스트랄로피테쿠스　〉〉〉　영문법 크로마뇽인

주니어 고릴라 영문법

Level 1,2,3

탄탄한 기초와 흥미 유지를 위한
핵심 반복과 영작 연습!

무료 동영상 강의 및 추가 문제 제공

핵 꿀 잼
Reading

 LEVEL 3

| 정답 및 해설 |

section 1

01 / 사랑은 고통을 허락하는 것　　　본문 p.10

be in a relationship	사귀다
pain	고통
realize	깨닫다
reply	대답하다
discouraged	낙담한
whisper	속삭이다

정답

1. no longer	–	더 이상 ~않는
foolish	–	멍청한
whisper	–	속삭이다

2. ⑤　　**3.** ②

2. ⑤

이 글에서 남자를 떠난 여자가 돌아와 다시 사귀자고 했을 때 남자가 그녀를 안아주며 받아주었다고 했으므로 ⑤번이 글의 내용과 일치한다.

3. ② 낙담한

남자가 자신을 거절했다고 생각했기 때문에, 여자는 낙담할 수 밖에 없다. 나머지 보기는 모두 긍정적인 의미를 내포하는 단어로 정답이 될 수 없다.

① 안심한　　　③ 만족한

④ 놀란　　　⑤ 매혹된

해석

젊은 남자와 여자가 사귀고 있었다. 남자가 여자를 많이 사랑하고 있었음에도 불구하고, 여자는 그에게 항상 상처를 줬다. 이것은 종종 남자에게 심한 고통을 불러일으켰다. 마침내, 어느 날, 그 젊은 여자는 남자에게 더 이상 보고 싶지 않다고 말했다.

6개월이 지났다. 그 시간 동안, 여자는 이전 남자친구를 얼마나 많이 사랑했었는지 깨닫기 시작했다. 그녀는 그에게 다시 찾아가 다시 만날 수 있을지 물어봤다. 그녀는 그에게 얼마나 미안하고 그녀가 얼마나 그를 그리워하는지에 대해 말했다.

하지만, 그 청년은 미소를 지으며 너무 큰 고통을 준 사람에게 또 다른 기회를 주는 건 정말 바보 같은 남자나 할 것이라고 대답했다. 여자는 매우 (A) 낙담했다. 그녀가 울려고 하자, 그 청년은 그녀를 품에 안았다. "내가 그 바보 같은 남자들 중에 하나야," 라고 그녀의 귀에 속삭였다.

02 / 세상에서 제일 큰 꽃은?　　　본문 p.12

local	지역의, 동네의
yard	야드 (길이 단위)
rotting	썩는
rare	희귀한
stench	악취
draw	끌어당기다
reproduce	번식하다
stem	줄기
parasite	기생충, 기생식물
vine	덩굴굴
nutritional	영양소의
requirement	필요조건
extinct	멸종의
logger	벌목꾼
crush	짓누르다
ensure	확실히 하다

정답

1. Rafflesia   **2.** stench   **3.** 기생식물   **4.** ①

1. Rafflesia

글의 시작 부분에 라플레시아를 설명하며, 동네 꽃집에서 살 수 없을 것이라고 했으므로, 희귀한 꽃(This rare plant)는 라플레시아(rafflesia)임을 알 수 있다.

2. stench

stench는 악취라는 뜻으로 terrible smell과 같은 뜻이다.

3. 기생식물

생존을 위해서는 덩굴이 필요하다고 했으므로 (need vein to survive), 라플레시아가 기생하는 꽃임을 알 수 있다.

4. ①

라플레시아를 동네 꽃집에서 살 수 없을 것이라고 했을 뿐, 라플레시아를 어디서 살 수 있는지는 언급하지 않았다.

해석

당신은 라플레시아(Rafflesia)라고 불리는 세계에서 가장 큰 꽃을 알고 있었는가? 당신은 이것을 동네 꽃집에서는 아마 찾지 못할 것이다. 이 사이즈의 크기는 1야드(약 0.9m)만큼 크다. 그리고 이것은 썩은 고기 같은 냄새가 난다. 하지만 이 (B)끔찍한 냄새가 (A)이 희귀한 식물이 살아남도록 돕는다. 그 악취는 파리들을 끌고, 차례로 라플레시아를 수분시킨다. 이것이 라플레시아가 스스로 번식하는 방법이다. 라플레시아는 줄기, 뿌리나 잎 같은 것을 가지지 않는다. 이것들은 엽록소를 생산하지 않는다. 라플레시아는 사실은, 생존하기 위해 덩굴들을 필요로 하는 기생식물이다. 덩굴들은 라플레시아에게 모든 영양 요구량을 제공하는 숙주식물로써의 역할을 한다. 오늘날 라플레시아는 멸종 위기에 놓여있다. 벌목꾼들이 나무를 자를 때 꽃에 손상을 가하고, 여행객들도 종종 이 꽃이 필요로 하는 덩굴을 짓눌러버림으로써 이 희귀한 꽃을 죽인다. 하지만 많은 사람들이 라플레시아가 미래에도 생존할 수 있도록 함께 노력하고 있다.

ruler	통치자
well-known	유명한
legend	전설
cruel	잔인한
murder	살인하다
irresistible	저항할 수 없는
account	설명
historian	역사학자
describe	묘사하다
power-hungry	권력에 굶주린
royalty	왕족
influence	영향을 끼치다
politics	정치
politician	정치가
enchanting	매혹적인

정답

1. ①   **2.** ④   **3.** A - ② / B - ④ / C - ① / D - ⑤ / E - ③

1. ① 그녀는 아름답기로 유명한 이집트의 배우였다.

이 글에서 클레오파트라는 왕족으로 태어난 이집트의 통치자였다고 했으므로 ①번이 클레오파트라에 관한 설명으로 옳지 않다.

② 그녀는 이집트 왕족의 일원이었다.

③ 그녀는 로마의 통치자들과 연인 사이었다.

④ 그녀의 얼굴은 고대의 동전에서 찾아볼 수 있다.

⑤ 그녀는 로마제국에 영향력을 끼쳤다.

2. ④

> 클레오파트라는 로마 통치자들과의 관계 덕분에
> 로마제국에 영향력을 끼쳤다.

이 글에서 그녀는 로마의 통치자들과의 특별한 관계를 지녔기 때문에 로마제국의 정치에 영향을 끼쳤다고 했으므로 보기 문장의 빈칸에 들어갈 말로 적절한 것은 ④번이다.

3. A – ② / B – ④ / C – ① / D – ⑤ / E – ③

클레오파트라는 다양한 역사적 설명들을 갖고 있다. 어떤 사람들은 그녀가 권력을 좇는 잔인한 통치자라고 말하고 어떤 사람들은 그녀가 남자들이 거부할 수 없는 아주 매력적인 아름다움을 갖고 있다고 말한다.

해석

이집트 통치자인 클레오파트라는 매우 유명하다. 그녀에 관한 많은 전설들이 있다. 몇몇의 사람들은 그녀가 권력을 위해 자기 남자형제와 여자형제를 살해한 잔인한 여자였다고 말한다. 또 다른 사람들은 그녀가 너무 아름다워서 많은 권력 있는 남자들에게 뇌쇄적이었다고 말한다. 클레오파트라에 대한 다른 많은 설명들이 있다. 왜냐하면 우리가 그녀에 대해서 알고 있는 것의 대부분이 로마 역사가들에 의해 쓰인 것인데, 그들은 그녀를 많이 좋아하지 않았다. 그들은 클레오파트라를 잔인하고 권력에 굶주린 통치자로 묘사했다.

하지만, 클레오파트라에 대해서 잘 알려진 기본적인 사실들이 있다. 그녀는 왕족으로 태어났다. 그녀는 또한 두 위대한 로마의 통치자였던, 율리우스 시저(Julius Caesar)와 마크 안토니(Mark Antony)와 사귀었다. 그러한 정치인들과의 관계 때문에, 그녀는 로마제국의 정치에 영향을 미칠 수 있었다.

당신은 그 당시의 고대 동전으로 클레오파트라가 어떻게 생겼었을지를 볼 수 있다. 비록 우리는 그녀가 매우 아름답다고 생각하지는 못할지라도, 그녀의 매혹적인 아름다움에 관한 전설들은 아마도 한동안 계속될 것이다.

sneeze	재채기하다
reflex	반사작용
automatically	자동적으로
additional	추가적인
germ	세균
filter	거르다
pollen	꽃가루
bother	괴롭히다
nasal	코의
attack	공격하다
cooperate	협력하다
defeat	무찌르다
invader	침입자
expel	배출하다
pronounce	발음하다

정답

1. sneeze	–	재채기하다
filter	–	거르다
attack	–	공격하다

2. ③   **3.** ⑤

2. ③ 씻다

앞뒤 문장을 살펴보면 당신이 재채기 한 곳에 세균이 묻을 것이므로 특별히 독감 시기에는 당신의 손을 '씻어야' 한다.

① 잡다   ② 지켜보다
④ 발견하다   ⑤ 생각하다

3

3. ⑤ 물리침

> 재채기는 세균을 물리침으로써 우리 건강에 도움을 준다.

이 글은 재채기를 통해 나쁜 세균을 물리칠 수 있다는 내용을 중심으로 하고 있다.

① 받아들임　　　　② 함께함

③ 포함함　　　　　④ 허락함

해석

에취! 모든 사람들은 다 재채기를 한다. 재채기를 하는 것은 당신의 몸이 자동으로 하는 반사작용이다. 당신이 재채기를 할 때, 당신의 몸은 콧속의 박테리아 같은 나쁜 것들은 제거하려고 시도한다. 당신이 감기에 걸리면 추가적으로 세균들을 가지게 되고, 재채기를 훨씬 더 많이 하게 된다.

당신의 콧 속에는, 수백 개의 작은 털들이 있다. 당신이 들이마신 공기는 이 털들에 의해 걸러진다. 때때로, 먼지와 꽃가루들이 이 털들을 거쳐 자신의 길을 찾으면서 콧구멍을 괴롭히게 된다. 콧속에 있는 신경들이 반응을 하면, 당신의 뇌는 무언가가 당신의 몸을 공격하고 있다고 이해한다.

당신의 뇌, 폐, 코, 입, 그리고 상체에 있는 근육들은 재채기로 침입자들을 물리치려 서로 협동한다. 당신이 재채기를 할 때, 당신의 코로부터 세균들이 배출된다. 만약 당신이 화장지나 소매에 재채기를 한다면, 세균들이 거기에 있을 것이다. 손에 재채기를 한 후에 손을 (A)씻는 것은 중요하다, 특히 감기시즌에는 더.

만약 누군가 근처에서 재채기를 하면, "Gesundheit!" 라고 말해줄 것을 기억해라. 당신은 이것을 "게준트하이트" 라고 발음한다. 이것은 누군가가 재채기를 한 후에 건강을 기원해주는 독일어이다.

---

section 2

05 / 이빨 한 개가 바나나 크기만 한 티라노사우르스　　본문 p.22

terrifying	무시무시한
dinosaur	공룡
tremendous	거대한
lizard	도마뱀
pointed	뾰족한
carnivore	육식동물
replace	대체하다
thrilling	무서운, 스릴 있는

정답

1. terrifying　－　무시무시한

　　meat-eating　－　육식하는

　　replace　－　대체하다

2. ④　　　　**3.** as / as　　　**4.** 육식동물

2. ④

비행기보다도 몸무게가 많이 나간다.

(It also weighed more than an airplane.)

3. as / as

> Some of the teeth were <u>as</u> big <u>as</u> bananas.

이빨이 바나나만큼 컸다는 표현이기 때문에 as ~ as가 와야 한다. 또한 앞의 문장들을 통해 힌트를 얻을 수도 있다.

4. 육식동물

> 티라노 렉스는 육식동물이다. 육식동물은 고기를 먹는 동물이다.

티라노 렉스도 해당되며 고기를 먹는 동물은 육식동물이라고 추론할 수 있다.

해석

가장 무시무시한 공룡들 중 하나는 티라노사우루스 렉스였다. 그것은 뾰족한 이빨을 가진 엄청나게 큰 도마뱀이었다. 그것은 6천만년도 더 전에 살았다.

코부터 꼬리까지, 티라노 렉스는 거의 스쿨버스만큼 길었고 집 한 채보다도 높았다. 또한 몸무게는 비행기보다 많이 나갔다. 티라노사우루스의 머리는 부엌 식탁만큼 길었다.

그것은 가장 큰 육식 공룡이었다. 육식동물들은 날카로운 이빨을 가지고 있다. 티라노사우루스는 그런 이빨들을 60개나 가지고 있다. 이빨 중 일부는 바나나만큼 크다. 티라노 렉스가 이빨이 빠지면, 새로운 치아가 생기고 그 자리를 대체한다.

티라노 렉스는 두 개의 강력한 다리로 서있었다. 또한 두 개의 작은 팔도 있었다. 강력한 꼬리는 그가 걸려 넘어지는 것으로부터 막아줬다. 살아있는 티라노사우루스 렉스를 보는 것은 스릴 있을지도 모른다. 하지만 나는 만나고 싶진 않다. 당신은?

06 / 카지노에서 인생역전한 할머니   본문 p.25

pouch	작은 주머니
amazement	놀람
successful	성공적인
realize	알아차리다

정답

1. ⑤	2. ②	3. coin changer

1. ⑤

이 글 마지막 문장 "그녀가 밤새 동전 교환기에 돈을 넣었다는 것을 깨달았더라면 얼마나 실망했었을까!" 라는 것을 보아 ⑤번이 이 글의 내용과 일치한다.

2. ② 실망한

글 앞부분에서는 여자가 슬롯머신에서 동전이 계속해서 나온다고 생각해 매우 기뻐하는 그녀의 모습을 설명하고 있다. 그러나 사실 그녀는 밤새 동전교환기에 동전을 바꾸고 있었던 것이었다. 그녀가 이 사실을 알면 매우 실망할 것이라는 내용이 문맥상 가장 적절하기 때문에 정답은 ② '실망한' 이다.

① 신이 난	③ 행복한
④ 만족한	⑤ 기쁜

3. coin changer

> 사실, 할머니가 사용한 기계는 슬롯머신이 아니라 동전 교환기였다.

해석

한 할머니가 동전이 가득 들어있는 주머니를 들고 카지노에 갔다. 그녀는 안에 들어가자마자 슬롯머신을 발견하고 즐기기로 결정했다. 할머니는 주머니에서 동전 하나를 꺼내서 슬롯머신에 넣었다. 그리고 나서, 그녀는 손잡이를 잡아 당겼다. 충격적이고 놀랍게도, 동전들이 슬롯머신에서 나오기 시작했다. 그녀는 주머니에서 다른 동전을 꺼내 슬롯머신에 넣었다. 다시 한번, 그녀는 성공적이었다. 흥분한 그녀는 계속해서 동전을 넣었고 세상에서 가장 운이 좋은 사람이 된 느낌이었다. 그녀가 밤새 동전 교환기에 돈을 넣었다는 것을 깨달았더라면 얼마나 (A)실망했었을까!

07 / 유로파에는 생명체가 산다?   본문 p.27

Jupiter	목성
solar system	태양계
consist of	~로 구성되어 있다
condition	상태, 조건
likely	가능성 있는
layer	층, 겹
beneath	~아래에
surface	표면
creature	생명체
microscope	현미경
possibility	가능성
exist	존재하다
explore	탐험하다
spacecraft	우주선
sturdy	견고한, 튼튼한
land on	착륙하다
melt	녹이다

정답

1. consist of	–	~로 구성되다
possibility	–	가능성
sturdy	–	튼튼한
2. ④	**3.** Europa	**4.** life

2. ④

The spacecraft and robots we have are not sturdy enough to land on the surface. 라고 하였으므로 현재 보유한 우주선과 로봇은 착륙할 정도로 튼튼하지 못하다.

3. Europa

이것은 목성의 위성 중 하나로, 얼음막으로 덮여있다.

4. life

질문: 왜 과학자들은 특히 유로파에 관심이 있나요?
대답: 왜냐면 유로파에는 생명체가 존재할 수 있기 때문입니다.

The possibility that life could exist on Europa is very exciting. (유로파에 생명체가 존재할 수 있다는 가능성은 매우 흥미롭다)는 부분에서 정답을 유추할 수 있다.

해석

목성은 태양계에서 가장 큰 행성으로 많은 다른 종류의 가스로 구성되어 있다. 목성은 너무 커서 1,300개의 지구가 그 안에 들어갈 수 있을 정도이다! 그리고 목성은 63개의 위성을 가지고 있다. 이 위성들의 몇몇은 작은 행성과 같고, 또 다른 위성들은 얼린 바위와 얼음 조각들 같다.

목성의 위성들을 연구하는 것은 과학자들이 태양계에 대해 더 연구하도록 도와왔다. 과학자들은 특히 유로파(Europa)라고 이름 붙여진 위성에 관심을 가진다. 유로파의 조건들은 유로파가 우리 태양계에서 지구를 제외하고 생명체를 가질 수 있는 가장 가능성 있는 장소로 만들어준다. 유로파는 한 겹의 얼음 층으로 덮여있는데, 일부 과학자들은 이 얼음 표면 아래에 액체 바다가 있다고 믿는다. 만약 이것이 사실이라면, 유로파는 아마 이 바다들에서 단순한 생명체를 가질지도 모르는데, 그것들은 아마 너무 작아서 현미경 없이는 볼 수 없을 것이다. 생명체가 유로파에 존재할 수 있다는 가능성은 매우 흥분을 불러 일으킨다.

하지만 지금으로서는, 우리는 유로파가 너무 춥고 멀리 떨어져있기 때문에 유로파를 탐사할 수가 없다. 우리가 사용하는 우주선이나 로봇들은 이 표면에 착륙할 만큼 튼튼하지가 않다. 그러나 가까운 미래에, 유로파의 표면 얼음 일부를 녹이도록 로봇 하나를 보내고, 이 바다들을 헤엄치도록 또 다른 로봇을 보내는 것이 가능하게 될 것이다. 이 로봇들이 모은 정보가 지구를 넘어선 생명체에 대하여 우리가 생각하고 있는 것을 바꿀 수도 있다.

08 / 당신이 만약 스파르타에서 태어났다면?

본문 p.30

face	직면하다
obstacle	장애물
combat	전투, 싸움
warfare	전쟁
citizen	시민
wilderness	야생
forage	~을 찾아다니다
strict	엄격한
nurse	보모, 간호사
march	행진하다
barefoot	맨발
loyal	충성스러운
overcome	극복하다

정답

1. obstacle	–	장애
military barrack	–	군막사
overcome	–	극복하다

2. (C) – (B) – (A)   **3.** ④

3. ④ 당신은 20살까지 군 막사에서 살 것이다.

→ 20살이 아니라 12살이다.

① 20살이 되면, 당신은 군인으로서 시험을 받게 될 것이다.

② 스파르타 군대는 기원전 371년, 레욱트라 전투 이전에 단 한번도 패배한 적이 없다.

③ 당신이 7살이 될 때까지, 당신은 엄격한 보모와 집에서 산다.

⑤ 군 막사에서 사는 동안, 당신은 싸우고, 생존하고, 맨발로 행진하는 것을 배울 것이다.

해석

만약 당신이 고대 그리스 도시 국가인 스파르타에서 남자아이로 태어났다면, 당신은 성장하면서 많은 장애물들에 직면했을 것이다. (C) 당신이 일곱 살이 될 때까지, 당신은 엄격한 보모와 집에서 산다. 일단 일곱 살이 되면 당신은 다른 일곱 살 또래들과 군 막사로 거처를 옮긴다. 당신은 거기에서 열두 살이 될 때까지 살게 된다. 이 5년 동안 당신은 싸우고, 생존하고, 맨발로 행진하는 것을 배울 것이다. 당신은 스파르타에 충성하는 것을 배울 것이다. 당신은 고통을 겪고, 어려움을 이겨내는 것을 배울 것이다.

(B) 이 힘든 5년이 지난 후에, 당신은 야생으로 보내지게 될 것이다. 당신은 홀로 있게 되거나 몇몇의 동료들과 함께할 것이다. 당신은 야생에서 일년 동안 살아남아야 한다. 당신은 식량을 찾아 다니고, 야생동물들로부터 스스로를 방어하고, 자연의 가혹함 속에서 살아남아야만 한다. 만약 1년 동안 생존하면, 당신은 군대로 돌아갈 수 있다.

(A) 당신이 스무 살이 될 때까지, 당신은 무장 전투와 전쟁에 대비해 훈련을 받는다. 일단 스무 살이 되면, 당신은 군인으로서 시험을 치르게 될 것이다. 만약 당신이 성공적으로 테스트에 통과 한다면, 당신은 스파르타의 시민이자 군인이 될 것이다. 스파르타 군대는 BC 317에 있었던 레욱트라 전투 이전까지의 전투에서 패배한 적이 없었다. 이것이 바로 스파르타 군인들이 최고라고 여겨지는 이유이다.

section ③

09 / 런던탑은 유령이 산다?! 본문 p.34

official	공식적인
due to	~때문에
murder	살인
execution	처형
take place	일어나다
excute	처형하다
royalty	황실
give birth to	~를 낳다
beheaded	목이 베어진, 처형된
frequently	흔히, 자주

정답

1.

terrifying	–	무서운
give birth to	–	~를 낳다
beheaded	–	처형된

2. ⑤

3. (a) Anne Boleyn

(b) the sons of King Edward V

2. ⑤ 왕 에드워드는 그의 아버지가 죽은 뒤, 삼촌에 의해서
탑으로 보내졌다.

→ 에드워드 왕이 아니라, 그의 두 아들이다.

① 많은 사람들은 런던 타워가 세상에서 가장 무서운 장소 중
하나라고 이야기한다.

② 다양한 귀신들이 런던 탑에서 목격되었다.

③ 앤 불린은 런던 탑에서 가장 흔히 목격되는 유령이다.

④ 앤 불린은 한 때 영국의 여왕이었고, 헨리 8세와 결혼하였다.

해석

영국의 피의 탑(The Bloody Tower)은 세계에서 가장 무서운 장소들
중 하나로 많은 사람들에 의해 이야기된다. 이것의 공식 명칭은 '런던
타워(Tower of London)' 지만 그 안에서 일어난 살인, 처형, 죽음들의
오랜 역사 때문에 '피의 탑' 이라고 불린다. 영국 황실의 유령들은
탑을 방문한 많은 사람들에 의해 목격되어 왔다.

탑에서 가장 흔하게 목격되는 (a)유령은 앤 불린(Anne Boleyn)
유령이다. 그녀는 한 때 영국의 여왕이었고, 헨리 8세와 결혼하였다.
그러나 왕은 그녀가 처형되도록 탑으로 보냈다. 이유는 그녀가
저주받았기 때문에, 아들을 낳지 못한다는 것이었다. 그녀는 1536년에
탑에서 참수당했다. 또 자주 보여지는 두 어린 소년의 (b)유령들이
있다. 그들은 에드워드 5세의 아들들이었다. 그들은 아버지의 죽음
이후에 보호라는 명목 아래 삼촌에 의해 타워에 보내졌다. 그러나,
런던의 탑으로 보내진 후에는 그들은 더 이상 보이지 않았다고 한다.

10 / 연장이 필요한 의사 본문 p.37

screwdriver	스크루 드라이버
confused	혼란스러운
request	요청
hammer	망치
resist	참다

정답

1. ④   **2.** open / bag

1. ④

아버지는 의사의 진찰가방이 고장난지 몰랐다는 내용을 보아
아버지와 의사는 아들의 방에 함께 있지 않았다는 것을 추론할 수

8

있다. 따라서 틀린 추론은 ④번이다.

2. open / bag

> 질문: 왜 의사는 그 도구들을 달라고 했습니까?
> 대답: 왜냐면 그는 그의 가방을 열 수 없었기 때문입니다.

해석

한 나이 많은 의사가 어떤 남자의 아들이 아파서, 집으로 찾아갔다. 아들의 방으로 들어간 후, 의사는 나와서, 그 남자에게 스크루 드라이버를 부탁했다. 남자는 그의 요청에 혼란스러웠지만, 그의 공구 상자를 꺼내서, 의사에게 스크루 드라이버를 주었다. 의사는 드라이버를 챙겨서 안으로 다시 들어갔다. 몇 분 후에 그는 침실에서 다시 나와서 남자에게 망치를 요구했다. 남성은 더 이상 참지 못하고 물어보았다.

"왜 망치가 필요하죠? 왜 스크루 드라이버가 필요하죠? 거기서 내 아들에게 무슨 짓을 한 거야!" "아무것도 안 했어요." 의사가 대답했다. "제 가방이 열리지 않아서요."

11 / 탈출이 불가능한 알카트라즈 수용소 　　本문 p.39

tourist	관광객
prison	감옥
violent	폭력적인, 난폭한
scary	무서운
criminal	범죄자
mainland	본토
papier-mache	종이반죽의
sneak out	슬쩍 나가다
escape	탈출하다
empty	비어있는
hallway	복도
raft	뗏목
drown	익사하다
intensive	집중적인, 철저한
investigation	조사

정답

1. violent	–	폭력적인
drown	–	물에 빠져 죽다
investigation	–	조사
2. ①	**3.** ②	

2. ①
(A) 뗏목을 타고 섬을 떠났다는 것이 마지막 단서였고 그 이후로는 아무것도 찾을 수 없었으므로 역접의 접속사인 However을 쓴다.
(B) 뒤에 결론이 나오므로 '마침내'의 의미를 가진 접속사 Finally를 쓴다.

3. ② 섬에서는, 단 한번만의 탈출 시도가 있었다.

→ 탈출을 성공한 사람이 없었던 것이지 탈출 시도가 없었다는 말은 없다. 그러므로, 그 수감자들이 첫 번째 시도인지는 알 수 없다.

① 알카트라즈 섬에는 감옥이 있었다.

③ 알카트라즈 섬은 현재 관광객들이 방문한다.

④ 우리는 아직도 그 세 수감자를 수배자 명단에서 볼 수 있다.

⑤ FBI는 섬을 떠난 그들이 모두 익사했다고 결론지었다.

해석

비록 알카트라즈 섬이 현재는 아름다운 여행지로 알려져 있을지라도, 그곳은 한 때 매우 다른 장소였다. 이 섬에는 미국에서 가장 난폭하고 무서운 범죄자들을 수용한 감옥이 있었다. 이 섬의 위치 때문에, 어떤 수감자도 결코 성공적으로 대륙으로 탈출한 적이 없었다.

이 섬을 어쩌면 탈출했었을 수감자들의 이야기가 딱 하나 있다. 1962년 6월, 클라란스 앵글린(Clarence Anglin), 존 앵글린(John Anglin), 그리고 프랭크 모리스(Frank Morris)라는 이름을 가진 3 명의 수감자들은 계획을 세웠다. 그들은 종이반죽으로 만든 머리들을 교도관들을 속이기 위해 베개에 넣고, 비어있는 복도를 통해 건물을 빠져나가서, 뗏목을 타고 알카트라즈 섬을 빠져나갔다. (A)그러나, 그것으로 흔적은 끝이 났고, 그들의 어떤 흔적도 다시는 발견되지 않았다.

누구나 예상할 수 있듯이, 이 사건은 모두를 매혹시켰다. 몇몇 사람들은 그 남자들이 살아남았다고 말하고, 반면에 또 다른 사람들은 그들은 익사했을 것이라고 말한다. (B)마침내, 몇 년에 거친 철저한 조사 후에, FBI는 법률 문서에 그들이 익사했다고 진술했다. 하지만, 그 세 명의 남자들은 아직도 다양한 법 집행 기관의 수배자 명단에 있다. 이 수감자들이 성공적으로 탈출했는지 아닌지에 대한 미스터리는 현재까지도 계속되고 있다.

---

12 / 딸바보 부부   본문 p.42

bet	내기
opportunity	기회
whisper	속삭이다
immediately	즉시
gently	부드럽게
remove	제거하다
scoop up	들어 올리다

정답

1. quiet   **2.** 들어 올리다   **3.** ⑤

1. quiet

be quiet은 조용하다, be still은 가만히 있다는 뜻으로 문맥상 서로 대체 가능하다.

2. 들어 올리다

소녀는 현재 의자에 묶여 있는 상태로 예상되며, 들어서 옮겨야 하는 상태다. scoop이 '국자' 라는 점에서 퍼올린다는 행위로 비슷하게 유추할 수도 있다.

3. ⑤

일단 이 본문에 등장하는 아이는 부부의 자식이 아니다. 매우 강제적이기는 하지만 아이를 조용히 만들 수 있는 것은 남자고, 아내는 그렇게 하지 못한다는 내용이 본문에 있다.

해석

그녀는 첫 단어를 내뱉을 거야 곧!

나와 아내는 우리 공주님이 처음으로 '엄마'라고 할지, '아빠'라고 할지에 대해서 내기를 해왔다. 나의 아내는 항상 우리 딸내미에게 밥을 먹일 때마다 얼마나 그녀를 사랑하는지 말해준다. 그녀는 우리 딸내미가 말을 할 수 있는 모든 기회를 이용한다. 나의 아내는 항상 그녀에게 매번 속삭 인다. "엄마라고 말해, 엄.마"

나는 내가 여전히 이기게 될 것이라는 것을 안다, 왜냐하면 우리 귀염둥이는 아빠의 귀염둥이니깐. 처음에 우리 딸은 항상 소리지르고 울곤 했는데, 아내는 아이를 조용히 만들지 못했다. 오로지 나만이 그녀를 (A)얌전히 만들 수 있으니까. 나야말로 그녀가 제일 좋아하는 부모니깐. 나는 우리 딸을 데려와 그녀 전용 의자에 앉혔다. 그리고 나와 아내는 바로 그녀에게 말 걸기 시작했다.

'엄마!' '아빠!' '엄마라고 말해~!' '누가 아빠의 아가지?'

나는 부드럽게 우리 딸의 입에서 테이프를 떼냈다.

"누..누구야? 나에게 원하는 게 뭐야? 날 제발 놔줘..."

우리 둘은 매우 슬퍼졌다. 아이가 다시 울기 시작해서, 한숨을 쉬며 나는 다시 그녀의 입에 테이프를 붙였다. 나는 그녀를 (B)들어 올려서 방에 다시 데리고가, 그녀의 우리에 넣고, 문을 잠그고, 불을 껐다. 내가 돌아왔을 때, 아내는 울고 있었다.

"울지마, 여보, 울지마" 내가 말했다, "다른 아이로 해보자."

section

13 / 꿀잼 독해를 공부했다면
당신은 그걸 맞출 수 있었어 　　　본문 p.46

rule	규칙
in turn	차례로
agree	동의하다
embarrassed	당황한
immediately	즉시

정답

1. agree　　　　　－　　　　동의하다
　 embarrassed　－　　　　당황한
　 immediately　－　　　　즉시
2. (a) gave, (b) Embarrassed
3. ③

해석

한 아름다운 여자가 창문 밖을 내다보며 카페에 앉아 있었다. 한 키가 큰 남자가 그녀 옆에 앉아 있었는데 그녀에게 퀴즈 게임을 하자고 제안했다. 게임의 규칙은 매우 간단했다. 그들은 서로에게 차례로 아무 질문이나 하면 된다. 만약 그녀가 그의 질문에 대답을 못하면, 그녀는 3달러를 내야 한다. 그리고 그가 그녀의 질문에 대답하지 못하면 300달러를 내야 한다. 그녀는 게임에 흥미로워져서 그렇게 하는데 동의했다. 남자는 물었다, "얼마나 많은 위성을 목성은 가지고 있죠?" 당황한 그녀는 그에게 3달러를 (a)건넸다. 그리고 나서 그 남자에게 물었다. "세 개의 다리로 산에 올라 네 개의 다리로 내려오는 것은 무엇인가요?" (b)당황한 남자는 오랜 시간 생각하더니 결국 그녀에게 300달러를 줬다. "그게 뭐요?" 라고 그녀에게 물었다. 그녀는 바로 지갑에서 3달러를 꺼내서 그에게 줬다.

14 / 젊은 왕 투탕카멘의 죽음에 대한 의문점   본문 p.48

teenager	십대
tomb	무덤
discover	발견하다
archaeologist	고고학자
treasure	보물
mummy	미라
examine	조사하다
skull	두개골
wonder	궁금해하다
injury	부상
perhaps	아마도
murder	살해하다
advanced	진보한, 발전된
technology	기술
conclusion	결론
illness	병
infection	감염
prove	증명하다

정답

1. ④	2. ②	3. ③

1. ④

두개골의 상처는 미라가 발견된 당시, 고고학자들에 의해 생긴 상처다.

2. ② 그러나

(A) 앞 문장은 감염에 의한 질병으로 죽었을 가능성으로 결론지었는데, (A) 뒤에는 이것 역시 입증된 것이 아니라는 내용이 나오는 것으로 봐서 '그러나'의 의미를 가진 접속사가 들어가야 한다.

① 예를 들어   ③ 요약하자면
④ 반면에   ⑤ 사실

3. ③ 투탕카멘의 죽음의 원인들

→ 이 글은 투탕카멘의 죽음의 원인들에 대한 내용이다.

① 미라를 검사하는 방법
② 왜 고대 사람들은 그렇게 젊을 때 죽었는가
④ 신기술, CT 스캐너
⑤ 위대한 과학자가 되는 방법

해석

투탕카멘(Tutankhamen)은 십대의 나이에 죽은 젊은 이집트 파라오이다. 그의 무덤이 고고학자들에 의해 발견되었을 때, 그들은 많은 보물을 발견했다. 그들은 또한 투탕카멘의 미라도 발견했다. 왜 그가 그렇게 어린 나이에 죽었는지에 대해서 많은 이야기들이 들렸다. 1968년에, 몇몇 과학자들은 그 미라를 조사했다. 그들은 투탕카멘의 두개골이 손상되었다는 것을 발견했다. 그래서, 그들은 그가 머리부상으로 죽은 것은 아닌지에 궁금해하기 시작했다. 아니면 누군가 그의 권력과 부를 시기해 죽인 것은 아닐까? 여러 해가 지난 후, 2005년에 과학자들은 투탕카멘의 미라를 다시 조사하였다. 이번에는, 미라를 조사하기 위하여 CT스캐너라고 불리는 더 진보된 기술을 사용했다.

과학자들은 그의 두개골의 상처가 사실은 그를 발견한 고고학자들에 의해서 생겨난 것이라고 밝혀냈다. 마침내, 과학자들은 투탕카멘이 아마 감염에 의한 질병으로 사망했을 것이라고 결론지었다. (A) 그러나, 이것 또한 증명되지는 않았다. 투탕카멘의 죽음의 원인은 여전히 미스터리이다.

annually	매년
distance	거리
at least	최소한
outstanding	뛰어난
athlete	운동선수
participate	참여하다
gather	모이다
odd	이상한
confused	혼란스러운
insist	주장하다
skeptical	회의적인
pay attention	집중하다
as soon as	~하자마자
disappear	사라지다
steady	꾸준한
pace	속도
quit	그만두다
arrive	도착하다
award	수여하다

정답

1. gather	–	모이다
distance	–	거리
arrive	–	도착하다

2. 61세의 남자가 작업복과 고무부츠를 신고 출발선에 서있는 것

3. ③   4. ①   5. ②, ④

3. ③
skeptical이라는 단어는 '회의적인'이라는 뜻이다. 선수들은 클리프 영에 대해서 회의적인 태도를 보였는데 그 이유는 클리프 영이 나이도 많고 제대로 된 복장조차 갖추지 않았기

때문이다. 즉, 선수로는 적합해 보이지 않기 때문에 회의적이었다.

4. ① 책을 표지로 판단하지 마라.
　（겉모습만 보고 사람을 판단하지 마라.）
→ 이 글은 단순히 외적으로 보여지는 모습 때문에 우승 가능성이 없어 보였던 클리프 영이 우승함으로써 겉모습으로 판단하지 말라는 메시지를 전달한다.

② 아니 땐 굴뚝에 연기 나랴: 원인이 없으면 결과가 있을 수 없음을 비유적으로 이르는 말
③ 빈 수레가 요란하다: 잘난 것 없는 사람이 말만 많다는 뜻
④ 가랑비에 옷 젖는 줄 모른다: 아무리 조그만 것이라도 쌓이면 큰 힘을 발휘할 수 있다는 뜻
⑤ 가는 정이 있어야 오는 정도 있다: 남한테 대접받고 싶은 대로 남을 대하라.

5. ② 그는 옷 때문에 이목을 끌었다.
→ 옷 뿐만이 아니라 나이와 같은 다른 요소들도 포함된다.
④ 모두들 그가 곧 그만둘 것이라고 생각했다.
→ 모두는 아니고 많은 사람들이 그렇게 생각했다.
① 클리프 영은 농장에 사는 61살 남자였다.
③ 그는 많은 동물들을 모으며 뛰어다닌다.
⑤ 마침내, 클리프 영이 상을 받았다.

해석

당신은 만약 토끼와 거북이의 경주가 실제로 일어났었다면 믿겠는가? 호주에서는 시드니에서 멜버른까지의 장거리 경주가 매년 열린다. 이 두 도시의 거리는 약 500마일 (약 805km, 서울에서 부산까지가 약 400km)이나 되기 때문에, 선수들은 종종 길에서 적어도 5일 정도는 보내게 된다. 많은 뛰어난 선수들이 이 경주에 참여하기 위해서 호주에 모였다. 여기에 클리프 영도 참여했다. 1983년, 많은 선수들이 뛰려고 준비하고 있을 때, 그들은 (A)희한한 광경을 목격했다. 61세의 노인이 작업복과 고무부츠를 신고 출발선에 서있는 것이 아닌가! 선수들과 관객들은 모두 당황스러웠다. 그러나, 클리프 영이라는 이 남자는 이 경주에

참여하겠다고 우겼다. "나는 농장에 산다오, 그리고 나는 매일 2000마리의 동물들을 모으며 뛰어다닌다네. 그리고 때때로는 3일 연속으로 뛰어야 할 때도 있어!" 그는 그들에게 말했다. 선수들은 (B)회의적이었지만, 경주가 시작되려고 했기 때문에, 그들은 그를 더 이상 신경 쓰지 않았다. 경주가 시작되자마자, 선수들은 클리프를 훨씬 앞질러서 사라져버렸다. 그러나 클리프는 침착하며 꾸준한 속도를 유지하면 계속해나갔다. 많은 사람들은 얼마나 빨리 그가 그만둘지 궁금해했다. 그러나 클리프는 계속해서 뛰었다. 그는 결국 자려고 휴식을 취했던 한 선수, 또 다른 선수들을 제치기 시작했다. 5일 후, 멜버른에 도착한 첫 번째 주자는 클리프였고, 그에게 10,000달러의 상금이 수여됐다.

16 / 어떻게 세계 2차 대전에 미국이 참가하게 됐을까? 본문 p.55

expand	확장하다
conquer	정복하다
alliance	동맹
ambition	야망
take over	넘겨 받다, 인수하다
oppose	반대하다
interfere in	개입하다
interfere with	방해하다
invade	침입하다
in order to~	~하기 위해
supply	공급(물자)
damage	손상을 입히다
personnel	인원
Congress	국회
declare	선언하다

정답

1. expand – 확장하다
   conquer – 정복하다
   interfere – 간섭하다
2. ② 3. ③ 4. ③

2. ② 미국이 세계 2차 대전에 합류하게 된

> 미국이 세계 2차 대전에 합류하게 된 이유

이 글은 미국이 진주만 공습 이후 2차 세계대전에는 참여하게 되는 과정을 소개하는 글이다.

① 일본 전투 비행기들은 파괴된
③ 세계 1차 대전이 시작된
④ 추측국이라고 불리는 동맹이 형성된
⑤ 일본이 많은 석유가 필요했던

3. ③ 끔찍한
devastating은 '파괴적인' 이라는 의미를 가지고 있는 단어이며, 문장의 문맥상으로도 '끔찍한' 이 가장 적절하다. 비록 공격이 짧고, 고작 90분여간 지속됐을지라도, 이 급습의 결과는 파괴적이었다.

① 혼란을 주는   ② 신나는, 흥미진진한
④ 우호적인   ⑤ 화려한

4. ③
미국의 전쟁 참여를 놓고 찬반 논쟁이 있었지만, 일본이 진주만을 공격하고 나서야 비로소 미국이 전쟁에 참여하게 된다.

해석

1941년 세계의 많은 나라들은 전쟁 중이었다. 유럽에서는 독일과 이탈리아가 영토를 확장하기 위해서 전쟁을 벌였다. 독일은 네덜란드, 폴란드, 덴마크, 프랑스를 포함한 많은 국가들을 정복했다. 독일은 또한 영국도 공격했다. 유럽의 전쟁은 아프리카로도 퍼졌으며, 독일과 이탈리아 군대는 북아프리카에서 영국 군대와 싸웠다. 일본은 독일과 이탈리아와 동맹을 맺었다. 이 동맹은 추측국(the Axis)이라고 불린다. 일본의 야망은 동남아시아와 남태평양을 집어삼키는 것이었다.

미국은 비록 공급물자로 가득 찬 배들을 영국으로 보내긴 했으나 전쟁에 참여하지는 않았다. 많은 미국인들은 추측국이 유럽과 아시아를 집어삼키지 못하도록 전쟁에 참여하길 열망했으나, 반대하는 이들 또한 많았다. 반대한 이들은 미국이 멀리 떨어진 문제들까지 개입해서는 안 된다고 느꼈다.

일본이 아시아 국가들을 침략하지 못하길 희망한 것은 바로 프랭클린 루즈벨트(Franklin Roosevelt) 대통령이었다. 1941년 초, 그는 캘리포니아, 샌디에이고에 있는 태평양 함대들을 하와이, 호놀룰루에 있는 진주만으로 이동하라고 명령했다. 일본은 석유가 필요했다. 현재의 인도네시아인 네덜란드령 동인도 제도는 엄청난 석유 공급처였다. 일본 정부는 석유 공급처를 가지기 위해 네덜란드령 동인도 제도를 침략하기로 결정했다. 그들은 또한 미국이 자신들의 침략을 간섭하지 못하도록 하는 계획을 발전시켰다.

1941년 12월 7일 일요일에, 6개의 항공모함들로부터 350대 이상의 일본 전투기가 진주만에 있는 미국군함을 폭격하기 시작했다. 비록 공격이 짧고, 고작 90분여간 지속됐을지라도, 이 급습의 결과는 (a) 파괴적이었다. 8척의 미 전함이 손상됐는데, 심지어 그 중 4척은 가라앉았다. 순양함과 구축함을 포함한 11척의 배가 가라앉거나 손상됐다. 300대의 미국의 비행기들이 파괴되거나 손상됐다. 2,400명이 넘는 군사 인력, 주로 USS 애리조나호에 있었던 사람들이 죽었고, 1,282명이 다쳤다. 마침내, 미 국회는 12월 8일에 일본에 전쟁을 선포하고, 그 달 11일에는 독일과 이탈리아에 선포했다. 미국은 세계 2차 대전에 뛰어들게 되었다.

17 / 더 게임 지니어스   본문 p.62

barbershop	이발소
shave	면도
promptly	신속하게
snicker	낄낄 웃다
reply	대답하다
lick	핥다

정답

1. ①   **2.** ①

1. ①

글에서 남자가 이발사에게 면도를 받는 동안 여자아이가 이발소에 들어왔다고 했으므로 ①번이 글의 내용으로 일치하지 않는다.

2. ① 그녀가 1달러보다 덜 가치있는 25센트 두 개를 가져갔기 때문에 → 소녀가 1달러보다 덜 가치있는 50센트를 가져갔기 때문에 이발사는 그녀가 바보라고 생각하는 것이 글의 내용상 가장 적절하다.

② 그녀가 이발사가 자신과 게임을 하고 있다는 것을 알았기 때문에

③ 그녀가 매일 이발사에게서 돈을 받으러 오기 때문에

④ 그녀가 이발소에 있는 다른 사람들에게는 돈을 구걸하지 않았기 때문에

⑤ 그녀가 25센트 두 개 대신에 1달러를 가져갔기 때문에

해석

한 남자가 면도를 하기 위해 이발소에 있었다. 그 남자가 의자에 앉아서 쉬는 동안, 한 소녀가 가게에 들어왔다. 비열한 미소를 지으며, 이발사는 남자에게 주목하라고 했다. 그는 남자에게 소녀가 얼마나 멍청한지 보여주겠다고 했다. 이발사는 여자아이가 그에게 오도록 불렀다. 소녀가 그의 앞에 갔을 때, 그는 왼손에는 1달러 지폐, 오른손에는 두 개의 25센트짜리 동전을 꺼냈다. 그러고 나서 그는 소녀에게 어떤 것을 원하는지 물었다. 소녀는 즉시 동전 두 개를 선택하고 떠났다. 낄낄 웃으며, 그 이발사는 남자에게 달러보다 덜 가치 있는 동전을 가져갔기 때문에 그 소녀가 얼마나 바보 같은지 말했다.

면도를 한 후, 집에 가는 길에 남자는 소녀가 사탕가게에서 나오는 것을 보았다. "얘야" 그는 소녀를 불렀다. "너는 왜 동전을 고른 거니?" 막대사탕을 핥으며 소녀는 대답했다. "제가 만약에 1달러 지폐를 가져가면 게임이 끝나니까요!"

18 / 불행과 행복   본문 p.67

accident	사고, 사건
eventually	결국에
blind	장님
fortunately	다행히도
workplace	직장
set off	출발하다
stumble	발을 헛디디다
bump into	부딪히다
stranger	낯선 사람
colleague	동료
overcome	극복하다

정답

1. ②	2. by herself	3. ⑤	4. ②

1. ② (A) 다행히도 – (B) 그러나

(A)는 실명을 하게 되었으나 다행히 직업을 잃지 않았으므로 '다행히도'라는 뜻을 가진 'Fortunately'가 적절하고, (B) 앞의 내용은 남편이 매일 회사에 데려다 줬는데, 뒤에는 혼자 가라는 반대의 내용이 나오므로 '그러나'라는 뜻을 가진 'However'이 적절하다.

① (A) 다행히도 – (B) 게다가
③ (A) 불행히도 – (B) 게다가
④ (A) 불행히도 – (B) 그러나
⑤ (A) 불행히도 – (B) 즉, 다시 말해서

2. by herself
'on ones' own'도 '혼자서'라는 뜻이다.

3. ⑤ 그녀의 남편은 그녀가 직장에 가고 있을 때 항상 집에 있었다.
→ 그녀의 남편은 사실은 그녀가 출근할 때마다 그녀의 옆에 있었다.

① 그녀는 눈을 다쳤을 때, 사무실에서 일하고 있었다.
② 그녀는 계속해서 일을 할 수 있었다.
③ 그녀는 회사에 가는 길에 여러 번 헛디디고 낯선 사람들과 부딪혔다.
④ 그녀는 결국 길을 잘 찾게 되었다.

4. ②
그녀는 남편이 멀어서 데려다 주지 않는 것이라고 믿고 있었는데 사실은 항상 곁에 있었다는 얘기를 듣고 매우 감동 받았을 것이다.

해석

끔찍한 사고가 한 여자에게 일어났다. 눈을 다쳤을 때 그녀는 사무실에서 일하고 있던 중이었다. 그녀는 결국 실명하게 됐다. (A)다행히도 그녀는 계속 일할 수 있어서, 그녀의 친절한 남편이 매일 그녀를 직장으로 데려다 주었다. (B)그러나, 어느 날 그녀의 남편은 그녀의 직장이 그의 직장으로부터 너무 멀기 때문에 (a)혼자서 직장에 가라고 요구했다. 그녀는 매우 실망했지만 남편의 요구에 동의했다.

다음날, 그녀는 혼자서 출발했다. 그녀는 많이 발을 헛디뎠고 낯선 사람들과 부딪혔다. 그녀는 매우 힘들었다. 그러나 그녀는 나중에 스스로 방법을 찾는 것을 아주 잘했다. 그녀의 동료 중 한 명이 어느 날 두려움을 극복한 것에 대해 축하해주었다. 동료는 또한 아주 좋은 남편을 둔 것에 대해서도 축하했다. 그녀는 동료에게 왜 그렇게 말하는지 물었다. "어머, 저는 매일 버스에서 당신의 맞은 편에 남편이 앉아있는걸 알고 있었어요." 동료가 말했다. "그는 항상 당신에게 키스도 날려주던데요?" 라고 말했다. 그녀가 이것을 들었을 때, 그녀는 (b)감동에 북받쳤다.

19 / 단 한 번도 풀리지 않은 암호　　본문 p.67

recruit	모집하다
develop	발전시키다
crack	깨지다, 부숴지다
inscribe	새기다
recognize	인정하다
honor	존경하다
decode	해독하다
available	이용할 수 있는

정답

1. recruit	–	모집하다
recognize	–	인정하다
defeat	–	물리치다, 이기다

2. decoded　　**3.** ②　　　　**4.** ③

2. decoded
crack은 여기서 '(암호가) 깨지다' 즉 '해독하다' 라는 의미로 쓰였다. 따라서 '해독하다' 의 뜻을 가진 단어 decode 와 바꿔 쓸 수 있다.

3. ② 군사 암호들
다음 문장은 나바호족에 의해 만들어진 군사 암호가 미국이 전쟁에서 이기도록 도와주었다는 것을 설명하는 글이다.

> 나바호족 남자들에 의해 만들어진 <u>군사 암호</u>는 미국이 전쟁에서 이기도록 도왔었다.

① 그 기계　　　　　　③ 그 탱크
④ 그 도구들　　　　　⑤ 그 메달들

4. ③ 1942년까지 나바호족 남자들은 암호를 만들었다.
→ 1942년까지가 아니라, 1942년부터 시작되었다.
① 누구도 나바호족 남자들에 의해 만들어진 군사 암호들을 해독하지 못했다.
② 나바호족어로 된 군사 암호를 만들기 위해서, 나바호족 남자들이 모집되었다.
④ 나바호족 남자들은 심지어 전쟁이 끝나고 나서도 그들의 임무를 비밀시해야 했다.
⑤ 몇몇의 나바호족 남자들은 의회 훈장이 수여되었다.

해석
2차 세계대전 동안, 29명의 나바호족(북아메리카인디언 종족) 남자들은 나바호족의 언어로 군사 암호를 만들기 위해 미국 해군에 모집되었다. 그들은 나바호어와 다른 북미 원주민의 언어를 암호로 사용하는 시스템을 발달시켰다. 예를 들면 "탱크"와 같은 몇몇 영어 단어들이 나바호에 존재하지 않았기 때문에, 그들은 종종 창의력을 발휘해야 했다. 예를 들어, 탱크에 대해서는, 그들은 "wakare-ee" 라는 단어를 사용했는데, 이는 거북이를 의미한다. 1942년 그들 임무가 시작되어 전쟁이 끝날 때까지, 나바호족 남자들에 의해 만들어진 암호들은 결코 (a)풀리지 않았다. 수천 개 이상의 메시지들이 만들어졌지만 어느 하나도 결코 해독되지 않았다. 전쟁이 끝난 후에, 나바호족 남자들은 그들의 가족 품으로 돌아갔다. 그들은 이 임무에 대해서 어떤 누구에게도 발설하는 것이 허락되지 않았다. 이 임무는 26년 이상 동안 공식적으로 인정되지 않았다. 그러나, 1968년 미군부대는 그들의 임무가 대중들에게 알려지도록 했다.

그들이 전쟁을 이기도록 돕고 수년이 지난 후인 2001년에는, 여전히 살아있었던 나바호족 남자들에게 의회 훈장이 수여됐다. 각 메달의 뒷면에는, 나바호어로 메시지가 새겨져 있었는데 이렇게 쓰여있다, "그들은 나바호족어로 적을 무찔렀다." 수년이 지난 후, 미국이 전쟁을 이기도록 도왔다는 그들의 역할이 인정되고 존경 받았다.

20 / 환생의 마을, 키노사   본문 p.71

journalist	기자
mysterious	기이한
curse	저주하다
hence	이런 이유로
rumor	헛소문
lower	낮추다
anymore	더 이상
soldier	군인
information	정보
article	기사

잘 이해하고 있나요?   p.71

1. ②   2. 저주에 걸린 Kinsoa마을을 취재하기 위해서

1. ② 실망스러운

저주에 걸린 Kinsoa마을을 취재하러 갔지만 촌장이 저주에 걸리지 않았다고 하자 기자는 어리석은 루머였다고 생각하게 된다. 실망해서 다시 회사로 돌아가려고 준비했다.

① 만족한   ③ 신나는   ④ 짜증난   ⑤ 놀라운

잘 이해하고 있나요?   p.74

1. reincarnation   2. ④

1. reincarnation

> 키노사의 사람들은 환생 이전의 삶을 기억한다.

2. ④

두 개의 빈칸 전후 문맥을 살펴보면 첫 번째 빈칸 바로 다음 문장에는 '그들은 함께 달아나면서' 라고 나와있다. 두 번째 빈칸 뒤에는 무언가를 시도하려고 했으나 성공하지 못했고, 결국 죽임을 당하게 되었다. 즉, 달아나려는 것과 죽기 전에 시도하려 했던 것과 관련이 있는 단어임을 유추할 수 있으므로 가장 적절한 것은 escape (탈출하다, 도망치다) 이다.

① 머무르다   ② 놀다
③ 방문하다   ⑤ 공격하다

종합문제   p.75

1. curse	–	저주
grab	–	잡다
convince	–	확신하다

2. ⑤

2. ⑤

J는 기자를 구하기는 커녕 기자가 예전에 약속을 했는데 지키지 않아 J가 죽임을 당했었다고 하면서 그녀를 산 채로 묻었다.

해석

어느 날, 일본에서 한 기자가 기이한 편지를 받았다. 그 편지는 키노사 마을이 J로부터 저주를 받았다고 쓰여있었다. 그녀의 상사는 그녀가 회사를 위한 흥미로운 기삿거리를 가져오길 원했다. 이런 이유로, 기자는 키노사 마을에 갔다.

그녀가 키노사에 도착했을 때, 그녀는 촌장을 우연히 만났다. 그는 그녀에게 저주란 없으며, 그냥 어처구니 없는 루머일 뿐이라고

말했다. (A)실망한 그녀는 회사로 돌아갈 채비를 하였다. 떠나기 전에, 그녀는 마을 사진 한 장을 찍고 상사에게 보냈다. 그녀가 카메라를 통해서 봤을 때, 그녀는 빨간색 코트를 입고 있는 여자아이를 봤다. 그러나 그녀가 카메라를 낮췄을 때, 그 소녀는 거기에 더 이상 있지 않았다! 기자는 키노사 마을이 정말 이상하다고 생각하기 시작했다. 그녀는 계속해서 둘러보기로 결심했다. 그녀는 곧 한 소년이 군인들을 그리고 있는 것을 보게 됐다. 그녀는 그에게 이 군인들이 누구냐고 물었다. 그는 그와 그의 친구들이 바로 그 군인들이며 그들은 모두 전쟁에 나갔었다고 대답했다. 그녀는 그를 믿지는 않았지만, 상사에게 전화를 걸어 그 소년이 그녀에게 말한 이름들의 기록을 찾아봐달라고 요청했다. 그리고 나서 그녀는 키노사 마을을 떠나기로 결심했다, 왜냐하면 기사를 쓸 어떤 정보도 찾지 못했기 때문이다.

막 기차역으로 떠나려는데, 누군가 그녀의 팔을 붙잡았다. 그것은 빨간색 코트를 입은 그 소녀였다. 그 소녀는 기자에게 그녀가 바로 "J"이며, 그녀가 그 기자에게 편지를 보냈었다고 말했다. 그러나, 그녀가 다른 어떤 말을 할 수 있기도 전에, 사람들이 몰려왔다. 그들은 J를 잡고 데려가 버렸다.

그 기자는 머무르며 J와 키노사 마을에 관한 진실을 밝혀야만 한다고 결심했다. 마을을 돌아다닌 후에 그녀는 사람들이 J를 데려가 버린 곳을 발견했다. 전화벨이 울렸다. 그녀가 전화를 받았을 때, 그녀의 상사는 그녀에게 그 소녀가 말해줬던 이름들이 오래 전에 죽었던 군인들 의 이름이라고 말해주었다. 그는 또한 그녀에게 "키노사" 라는 이름이 환생을 뜻한다고 말했다. 기자는 전화를 끊었다. 그녀는 지금 이 마을의 사람들이 그들의 과거의 삶을 기억할 수 있다는 확신이 섰다. 그때 그녀는 바로 J를 발견하고, 그들은 (B)탈출하기로 결심했다. 그들이 도망치는 동안, 기자는 J에게 그녀가 키노사의 비밀을 어떤 누구에게도 말하지 않겠다고 약속했다. 갑자기, 그녀는 마을 사람들에 의해 둘러싸였다. J는 그녀에게 그녀가 이 거짓말을 오래 전에도 했었다고 말했다. 사실, J는 죽임을 당하게 되었는데, 그것은 그 기자가 비밀이 유지될 것이라는 약속을 지키지 않았기 때문이다. 기자는 (B)탈출하려고 했으나 성공하지 못했다. 키노사 사람들은 그녀를 산채로 묻었다.

21 / 세계에서 가장 오래된 나무를 잘라버림　　　　　　본문 p.78

bristle pine cone	소나무
spark	촉발시키다
debate	논쟁
emphasize	강조하다
scientific	과학적인
environmental	환경의
preservation	보존
examine	검사하다
valuable	가치 있는
argue	주장하다
acceptable	허용 가능한
preserve	보존하다
deserve	~할 만하다
classify	분류하다
belong	속하다
knowledge	지식
justify	정당화하다

정답

1. spark – 촉발시키다
   preservation – 보존
   belong – 속하다
2. ③
3. ①
4. acceptable

2. ③ Galen Rowell는 그 나무를 베는 데에 찬성한 과학자이다.
   → Galen Rowell은 그 나무는 산에 속하는 것이므로 나무를 잘라서는 안 된다고 주장했다.

   ① 세계에서 가장 오래된 나무이다.
   ② "Prometheus"는 그 나무의 다른 이름이다.
   ④ 그 나무를 베는 일은 논란이 되었다.
   ⑤ 일부 과학자들은 그 나무를 보존하는 것보다 베는 것이 더 가치가 있다고 주장했다.

3. ① 과거에 대한 매우 귀중한 정보를 배울 수 있다.
   → 과학자들이 나무를 잘라 나이테를 확인한다는 빈칸 앞내용을 고려하여 과거에 대한 귀중한 정보를 얻을 수 있다고 추론할 수 있다.

   ② 그 나무가 어디에서 왔는지 추측할 수 있다.
   ③ 과학적인 방법으로 나무를 베는 방법을 알 수 있다.
   ④ 나무의 성장이 언제 멈출지 알 수 있다.
   ⑤ WPN-114와 같이 오래된 나무의 보존 방법을 알 수 있다.

4. acceptable
   'justified'와 'acceptable'이 동의어는 아니지만 여기서는 바꿔 쓸 수 있다. 바꿔 쓰면, '과학적 지식을 얻기 위해 그 나무를 자르는 것이 정당화 된다.'에서 '용인된다,' '받아들여진다.' 정도로 해석이 되며 자연스럽다.

해석

1964년 여름에 한 과학자가 네바다 주에 있는 나무 한 그루를 잘랐다. 그 소나무는 세계에서 가장 오래 된 생명체로 밝혀졌다. 그 나무를 베어버린 것은 과학적 연구를 강조하는 사람들과 환경보존을 강조하는 사람들 사이에서의 논쟁을 촉발시켰다. 과학자들에 의해 "WPN-114"라고 불리는 이 나무는 기원전 3100년경부터 있어왔다고 믿어진다. 그것을 잘라내고 나무테를 조사함으로써, 일부 과학자들은 (A)과거에 대한 많은 귀중한 정보를 배울 수 있을 것이라고 믿었다. 그들은 WPN-114를 과학이라는 명목으로 자르는 것이 용인된다고 주장했다. 논쟁의 반대편에는 환경을 보존하길 원하는 사람들이 있었다. (그리스신화에 등장하는 한 인물에서 이름을 따와서) 몇몇

사람들이 이름 붙여준 "프로메테우스(Prometheus)"는 있는 그대로 보존될 자격이 있다는 것이다. 그들은 프로메테우스는 과거로 연결해주는 살아있는 연결고리라고 믿으며, 심지어는 그 나무를 자르는 것을 살해라고 분류했다. 시에라 클럽(미국의 자연 환경 보호 단체) 회보에서 갈렌 로웰은 "그 나무는 산에 속한다"고 주장했다. 나무를 보존하기 원하는 사람들은 과학적인 지식을 얻기 위해 그 나무를 자른 것이 (a)정당화되는것에 결코 동의하지 않았다.

22 / 아틀란티스는 대체 어디에?   본문 p.82

philosopher	철학자
advance	진보하다
fountain	분수
not to mention	~은 말할 것도 없고
flow	흐르다
due to	~때문에
remains	유물
conclude	결론짓다
inhabit	살다
ruin	파멸시키다
rip apart	산산조각을 내다
actual	실제의

정답

1. ruin   –   파멸시키다
   inhabit   –   거주하다
   actual   –   실제의

2. ①   3. ④

2. ① (A) however – (B) Moreover

빈칸 (A)의 앞 문장에서는 아틀란티스 도시의 화려함에 대해 언급하고 뒷문장에서는 홍수로 인해 파멸되었다는 내용으로 두 문장이 서로 반대되므로 접속사 however을 사용한다.
(B)에서는 아틀란티스와 산토리니의 공통점을 계속해서 소개하고 있기 때문에 '게다가' 의 의미를 가진 'Moreover' 이 적절하다.

3. ④ 몇몇 사람들은 아틀란티스가 한 때 그리스의 산토리니 섬에 위치한 것을 찾아냈다.

→ 아틀란티스가 어디에 위치해있는지 확실히 밝혀지지 않았으며, 오히려 상상의 도시라는 의견이 우세한 상황이다.

① 그리스 철학자 플라톤은 수 천년 전에 아틀란티스라고 불리는 도시에 대해 썼다.
② 아틀란티스는 플라톤 덕택에 이상 도시로 알려지게 되었다.
③ 사람들은 아틀란티스가 진짜로 존재했는지 궁금해왔다.
⑤ 산토리니는 BC 1500년경에 화산 폭발에 의해서 산산조각이 났다.

해석

그리스 철학자 플라톤은 수 천년 전에 아틀란티스라 불리는 도시에 대해 글을 썼다. 플라톤에 따르면, 아틀란티스는 사람들이 수학, 과학, 기술에 대해서 발전한 이상적인 도시라고 묘사됐다. 건물과 정원이 아름다운 것은 말할 것도 없이, 뜨겁고 차가운 물이 분수대에서 흘러나왔다. (A)하지만 이 장엄한 도시는 아틀란티스의 사람들이 제대로 신을 숭배하지 않았기 때문에 끔찍한 홍수에 의해 파괴되었다. 그때 이후로 도시의 위치가 결코 분명하지 않았기 때문에, 사람들은 아틀란티스가 실제로 존재하긴 했는지 궁금해왔다. 몇몇의 사람들은 아틀란티스가 한때 그리스의 산토리니 섬에 위치했었다고 믿는다. 이 섬에는 미노아 사람들이 거주하고 있었는데, 이들은 과학지식이 앞서나갔었다. (B)게다가, 산토리니는 BC 1500년경에 화산 폭발로 인해 산산조각이 났는데, 이는 도시에 어떠한 유물도 없는 것이 설명이 된다. 다른 사람들은 아틀란티스가 태평양 이스터 아일랜드에 있다고 생각하는데, 왜냐하면 플라톤이 거기서 발견된 것들과 같은 거대한 조각상들을 묘사했었기 때문이다. 그리고 다른 사람들은 이 잃어버린 도시를 볼리비아 산악지대나 중국해 혹은 아프리카에 위치시켜버리기도 한다.

아틀란티스의 실제 위치를 찾으려는 노력에도 불구하고, 아틀란티스에 대해 아무것도 발견된 것이 없다. 결국 많은 전문가들은 아틀란티스가 가공된 것이며, 오직 플라톤의 마음 속에만 존재하는 완벽한 도시라고 결론을 지었다.

23 / 50년 째 불타는 도시   본문 p.85

pleasant	쾌적한
coal mining	탄광업
opportunity	기회
underneath	~아래에
branch out	뻗다
destruction	붕괴, 파괴
garbage heap	쓰레기 더미
lit on fire	불 붙이다
gobble up	먹어 치우다
poisonous	독성의
resident	거주자

정답

1. known for   –   ~로 알려진
   release   –   방출하다
   resident   –   주민
2. fire   3. coal   4. ②

2. fire
   불이 석탄을 삼켜버린 것이기 때문에.

3. coal

> 질문: 센트렐리아의 부의 원천과 파괴의 원인이 무엇이었나요?
> 대답: 그것은 <u>석탄</u>이었습니다.

4. ②

본문에 a few stayed라고 나와있는데, 이는 '몇몇의 사람들은 남아 있었다,' 라는 뜻이다. 따라서 모든 거주민들이 떠났다는 것은 센트렐리아에 대한 올바른 설명이 아니다.

해석

펜실베니아의 센트렐리아는 한때 살기에 쾌적한 곳이었다. 센트렐리아는 탄광업으로 잘 알려진 지역에 위치해 있었다. 그곳은 많은 취업 기회와 좋은 학교들에 좋은 도서관까지 갖추고 있었다. 그 도시 아래에는 많은 석탄이 있었다. 그것은 떡갈나무의 뿌리들처럼 뻗어 있었다. 이 석탄은 그들의 부의 원천인 동시에 붕괴의 원인이었다. 1961년에 쓰레기더미에서부터 생긴 불이 지하로 갔다. 그것은 지하의 석탄에 불을 붙였다. 그 불은 빠르게 이동했다. (A)그것은 마을 아래에 뻗어있던 모든 석탄을 눈 깜짝할 사이에 삼켜버렸다.

이 불타는 석탄은 유독한 가스들을 사람들의 집 안으로 방출했다. 사람들은 지하에서부터 오는 불을 멈출 수 없었다. 불은 250년동안 탈 것이라고 예측되었다. 많은 사람들이 그 마을을 떠나기로 결정했음에도 불구하고, 몇몇은 남아있었다. 그 마을의 고속도로는 불에 의해 붕괴되었고 빈 집들은 정부에서 파괴했다. 오늘날, 많은 사람들이 센트렐리아가 어떻게 변했는지 보기 위해서 그곳을 방문한다. 단지 몇몇 주민들만 마을의 잔해 속에서 다시 오지 않을 미래를 꿈꾸며 남아있다.

business trip	출장
coworker	직장동료
fascinating	매혹적인
unfamiliar	낯선
exotic	색다른, 이국적인
culture shock	문화충격
chopsticks	젓가락
palace	궁궐
castle	성
various	다양한
immediately	즉시

정답

1. palace	–	궁전
exotic	–	색다른, 이국적인
traditional	–	전통적인

2. (a): 아버지의 직장 동료의 딸 폴리와 줄리
(b): 한복
(c): 아버지의 직장 동료의 딸 폴리와 줄리

3. (B) – (A) – (C)   **4.** ⑤

2. (a): 아버지의 직장 동료의 딸 폴리와 줄리
(b): 한복
(c): 아버지의 직장 동료의 딸 폴리와 줄리

3. (B)-(A)-(C)

여러 시간을 거쳐 한국 공항에 도착한 것이 가장 먼저이므로 (B) → 호텔에서 김밥을 먹어보고 (A) → 그녀는 '또한' 전통 한복도 입어보았다고 했으므로 나열식의 상황이 소개되어야 한다. 그러므로 (C) 단락이 (B)단락 뒤에 나와야 하며 다음 날이라고 했으므로 (B)단락 뒤가 맞다.

22

4. ⑤

본문 어디에도 줄리가 본국에서 김밥을 즐겨먹는다는 얘기는 없고 추론할 수 있는 근거도 전혀 없다.

해석

줄리는 아빠의 한국 출장을 함께할 예정이었다. 줄리는 13살이고 한국에 가본 적이 없었다. 그녀의 아빠는 바쁠 것이기 때문에 그녀는 대부분의 시간을 혼자 보내야 할 것이다. 그러나 아빠가 그녀에게 그의 동료 중 한 명도 딸을 이 여행에 데려올 것이라고 말했다. 아마도 그들은 한국을 함께 다닐 수 있을 것이다.

(B) 오랜 시간의 비행 후에, 줄리는 한국에 도착했다. 공항에서는 편안했으나, 밖으로 나왔을 때는 문화 충격이 느껴졌다. 매력적이면서 동시에 약간 어색했다.

(A) 호텔에서, 텔레비전의 음식 사진들을 본 후에, 그녀는 점심으로 김밥을 주문하기로 결심했다. 그녀는 젓가락으로 작은 스시 조각들 같은 김밥을 먹으며 재미있었다. 아빠가 일을 마쳤을 때, 그는 그녀를 궁전투어에 데려갔다. 궁전은 정원과 성벽, 그리고 경비원들이 있는 성과 같았다. 줄리는 이런 것은 본적이 없었으며 매우 이국적이었다.

(C) 투어를 하는 동안 그녀는 또한 한복이라고 불리는 전통의상을 입어볼 수 있었다. 한복은 그녀에게 매우 잘 어울렸다. 한복을 입고 그녀는 페이스북에 올리기 위해 많은 사진을 찍었다. 다음 날, 줄리는 아빠 직장동료의 딸인 폴리를 만났다. 폴리도 13살이었다. 그들은 바로 서로를 마음에 들 어 했고 쇼핑을 가기로 결심했다. 그들은 근처 가게에 갔다. 그들은 모든 물건들이 만 오천 원같이 수천씩 나가서 놀랐다. 물론 고작 13달러이긴 하지만.

그들은 함께 많은 장소들을 방문하고 다양한 종류의 한국음식들을 먹어보길 원했지만, 시간이 너무 빨리 지나가 버렸다. 그래서 그들은 언젠가 함께 다시 한국을 방문하리라 약속했다.

25 / 사랑하니까   본문 p.94

firefighter	소방관
frantically	미친 듯이, 굉장히
determine	결심하다
dress oneself	옷을 입다
climb	오르다
stair	계단
embrace	포옹하다
sacrifice	희생하다
save	구하다
land	내려앉다, 착륙하다

정답

1. determine	–	결심하다
embrace	–	포옹하다
sacrifice	–	희생하다

2. save **3.** ③

2. save

> 질문: 왜 그는 그렇게 많이 이상한 말들을 했나요?
>
> 대답: 그는 그의 아내를 살리기 위해 죽을 것이었기 때문입니다.

3. ③

불이 너무 거세서 아무도 들어가지 못하자 제임스가 소방관 복장을 하고 혼자 들어갔다.

해석

제임스와 엘리스라는 이름의 젊은 부부가 있었다. 어느 날 한 건물에 불이 붙은 것을 봤을 때, 제임스는 집에 가고 있는 중이었다. 그 건물 밖에는 많은 소방관들이 있었다. 그는 불이 바로 그의 아파트 건물이라는 것을 확인했기 때문에 가까이 갔다! 그는 그의 아내 앨리스가 건물 안에 있다 는 것을 알았다. 그는 미친 듯이 소방관들에게 도움을 요청했지만, 불이 너무 강했기 때문에 건물로 들어갈 수가 없었다. 제임스는 앨리스를 구하기로 결심했다. 그는 소방차로 들어가 소방관 복장을 갖춰 입었다. 그리고 나서 그는 빌딩으로 돌진했다. 그는 그와 그녀가 살던 5층까지 계단으로 올라갔다. 그는 문을 열어 부수고 옷장에 숨어있는 앨리스를 찾았다. 제임스는 그녀를 안고 그녀에게 그가 그녀를 구하러 왔다고 말했다. 그는 그녀에게 언제까지나 그녀가 그의 생애의 사랑일 것이라고 말했다. 앨리스는 정말 너무 무서워져서 왜 그가 이렇게 이상한 얘기들만 하냐고 물었다. 그는 그녀에게 그는 죽을 것이라고 말했다. 그리고 그 말을 하자마자, 그는 그녀를 들쳐 업고 창문 밖으로 뛰어 내렸다. 앨리스는 제임스의 등에 내려 앉아 목숨을 건졌다. 제임스는 그의 아내를 구하기 위해 스스로 희생했다.

24

26 / 그림이 담은 메세지?   본문 p.97

painting	그림
scene	광경
reason	이유
discover	발견하다
coffin	관
starve to death	굶어 죽다
portray	묘사하다

정답

1. ①	2. ②	3. ②

1. ① 굶어 죽었다.

빈칸 앞에 프랑스 농부들이 아이들을 먹여 살릴 수 없다고 한 것으로 보아 아이들은 굶어 죽었다는 것을 알 수 있다.

② 감자를 먹었다.

③ 추위로 죽었다.

④ 열사병으로 죽었다.

⑤ 빵을 먹었다.

2. ②

글에서 The Angelus는 프랑스 화가 Jean-Francois Millet가 그린 그림이고 스페인 화가 Salvador Dali는 이 그림을 보고 무서움과 슬픔을 느꼈다고 했으므로 The Angelus의 설명으로 옳지 않은 것은 ②번이다.

3. ② Salvador Dali는 Millet의 친구들 중 하나였다.

→ 본문에서는 Jean-Francois Millet와 Salvador Dali의 관계에 대한 설명은 나와 있지 않다.

① The Angelus는 Jean-Francois Millet의 유명한 작품들 중 하나이다.

③ 루브르 박물관은 The Angelus 그림을 1963년에 검사해보았다.

④ Salvador Dali는 The Angelus를 보고 난 후에 두려움과 슬픔을 느꼈다.

⑤ 기아로 죽은 아이들을 기리기 위해 감자바구니 아래에 관을 그려 넣었다.

해석

때때로, 어떤 것들은 겉보기와 같지 않다. 장 프랑수와 밀레(Jean-Francois Millet)라는 한 유명한 프랑스 화가가 있었다. 그의 그림들 중에 하나인, '만종(The Angelus)' 은 겉보기와 같지 않은 것의 좋은 예이다. 이 그림은 한 커플이 들판에서 기도하고 있는 모습을 보여준다. 이 그림은 매우 평화로워 보인다. 실제로, 그 그림을 보고

간 많은 사람들이 평화로움을 느꼈다. 그러나, 유명한 스페인 화가인 살바도르 달리(Salvador Dali)는 이 그림을 보고 나서 두려움과 슬픔을 느꼈다고 했다. 가능성 있는 이유가 1963년에 발견되었다. 루브르 박물관은 그 그림을 엑스레이 촬영한 후에, 그림 속 감자 바구니 안에 관이 있다는 것을 발견했다!

밀레가 살던 시기에, 많은 프랑스 농부들은 아이들을 먹일 수가 없었다. 그래서 많은 아이들이 (A)기아로 죽었다. 그것이 밀레가 감자바구니 아래에 관을 그려 넣은 이유이다. 이제 이 사실을 알고도 만종이 여전히 평화로운 장면을 묘사하는 그림인가?

27 / 저는 헬러윈 데이에
이태원에 가는데요   본문 p.99

Irish	아일랜드의
tradition	전통
play joke	농담하다
frighten	무섭게 하다
appeasse	달래다
impressive	인상적인
receive	받다
harmless	무해한
immigrate	이주하다
celebrate	기념하다

정답

1. tradition	–	전통
appease	–	달래다
immigrate	–	이주하다

2. ③   **3.** ②

2. ③ 핼러윈 – 달래다

> 핼러윈은 많은 유령들을 <u>달래기</u> 위한 아일랜드 전통에서 유래했다.

이 글은 핼러윈 전통이 유령들을 달래는 데에서 유래되었다는 것을 소개하는 글이다.

3. ②

사탕과 과일이 아니라 과일과 우유이다.

해석

"Trick-or-Treat(과자 안주면 장난칠 거야– 핼러윈 데이에 아이들이 집집마다 방문하며 문 앞에서 외치는 말)" 이 아일랜드의 전통이라는 것을 알고 있었는가? 예전에 아일랜드 사람들은 유령들이 핼러윈에는 이승으로 돌아올 수 있었다고 믿었다. 그들은 많은 유령들이 유령들의 가족들과 친구들을 그리워하기 때문에 돌아온다고 믿었다. 그러나, 그들은 또한 사람들에게 장난을 치고 겁주기 위해 오는 많은 나쁜 유령들도 있다고 믿었다. 그들을 달래기 위해, 아일랜드 사람들은 그들의 집 앞에 과일과 우유가 담긴 사발들을 가져다 뒀다. 만약 유령들이 제공받은 것이 마음에 들면, 그 집은 넘어가주고 다른 곳으로 갔다.

만약 사람들이 핼러윈 동안 집에 머무를 수 없다면, 그들은 마스크를 하고 분장을 했다. 만약 그 분장들이 충분히 강렬하거나 무서우면, 아일랜드 사람들이 믿기로는, 유령들은 그들 근처에 오지 않을 것이다.

시간이 지나면서, 트릭 오어 트릿의 관습은 오늘날 행해지는지 모습과 매우 흡사해지도록 바뀌었다. 중세에는 어린 남자와 여자들이 문을 노크하고 "트릭 오어 트릿" 이라고 말하곤 했다. 만약 그들이 어떤 대접도 받지 못했다면 그들은 그 노크에 응답했던 사람에게 무해한 장난을 쳤다.

많은 아일랜드 사람들은 감자 대기근 동안 미국으로 이주하였고, 그들과 함께 핼러윈 전통도 가지고 갔다. 오늘날 전세계의 많은 국가들은 아일랜드 전통의 핼러윈을 기념한다.

28 / 영화 죠스의 주인공은 백상아리입니다　　　본문 p.102

great white shark	백상아리
shallow	얕은
certainly	분명히
fear	두려워하다
ancestor	조상
prehistoric time	선사시대
worn out	닳은
electric	전기의
commonly	흔히
recognize	알아보다

잘 이해하고 있나요?　　　p.103

1. ②　　　2. ①

1. ② 얕은

> They are usually out in the deep oceans, although they sometimes come to (A)＿＿＿＿ waters.

빈칸이 들어있는 문장을 살펴보면, '그들은 ＿＿＿＿ 물에도 때때로 오지만 대부분은 깊은 바다 속에도 나타난다' 라고 언급되었다. 서로 반대되는 의미를 연결해주는 접속사 although가 나왔으므로 deep(깊은)의 반대말인 shallow(얕은) 이 빈칸에 적절하다.

2. ① ancestor

> Scientists believe that the great white shark's (B)＿＿＿＿ was the Megalodon, a shark that lived during prehistoric times.

빈칸이 들어있는 문장을 살펴보면, 과학자들은 백상아리의 무엇이

메갈로돈으로 여긴다는 의미로, 이 메갈로돈은 선사시대 (prehistoric times)에 살았다고 한다. 즉, 선사시대에 살았던 백상아리의 모습이 메갈로돈이라고 유추할 수 있으므로 ① ancestor(조상)가 적절하다.

② 친구　　　③ 선생님

잘 이해하고 있나요?　　　p.105

1. 내밀다　　　2. ③

1. 내밀다
백상아리의 몸 중에서 가장 흔히 보이는 부분이라고 했으므로 물 밖으로 '내미는' 이라고 해석하는 것이 적절하다.

2. ③
백상아리가 사냥을 하는데 사용하는 특징들은 지느러미, 꼬리, 코, 눈, 피부라고 언급되었지만 귀는 언급되지 않았다.

종합문제　　　p.106

1. wear out	–	헐거워지다, 닳아지다
recognize	–	알아보다
majestic	–	위엄 있는

2. ⑤

2. ⑤
현재 야생에 사는 백상아리들을 연구하기 어렵다는 얘기만 있지 양식에 관한 언급은 없다.

해석
만약 사자가 정글의 왕이라면, 당연히 백상아리는 바다의 왕이다. 백상아리는 세계의 모든 바다에서 발견된다. 그들은 때때로 (a)얕은 물에 오기도 하지만, 보통은 깊은 바다에서 나타난다. 백상아리는 바다에서 가장 큰 동물 중 하나이고 분명히 가장 무서운 동물 중 하나이다. 이것은 또한 영화 "죠스"로 유명해지기도 했다.

과학자들은 백상아리의 (B)조상은 선사시대 동안에 살았던 상어인 메갈로돈(Megalodon)이었다고 생각한다. 메갈로돈은 20미터의 길이로 성장할 수 있었고, 긴 칼과 같은 이빨을 가졌다. 감사하게도, 백상아리는 메갈로돈만큼 크게는 자랄 수 없지만, 6미터까지는 자랄 수 있다. 백상아리는 또한 7센치나 되는 무서운 이빨을 가진다. 그들의 이빨이 닳아지면, 떨어져 나가고, 새로운 이빨이 자란다.

백상아리는 그들을 치명적인 사냥꾼으로 만드는 여러 특징들을 가지고 있다. 가장 흔하게 알려진 몸의 부분은 수면위로 (a)나오는 등지느러미이다. 백상아리는 또한 몸 양쪽에 지느러미 하나씩을 가지고 있다. 그 지느러미들은 가슴지느러미라고 불린다. 그것들은 상어가 물에서 오르락 내리락 하도록 돕는다. 상어들은 또한 시속 24~40킬로미터의 속도로 수영할 수 있도록 하는 꼬리들도 가진다. 그들이 사냥을 할 때, 백상아리는 진동을 느끼는 피부를 사용한다. 그들은 또한 움직이는 동물들이 만들어내는 전기 박동들을 느낄 수 있는 매우 민감한 코를 가지고 있다. 백상아리는 심지어 뒤에 있는 것을 볼 수 있는 특별한 눈을 가진다.

백상아리는 약 30년을 산다고 여겨진다. 야생에 있는 이 상어들을 연구하는 것은 매우 어렵기 때문에 과학자들은 이것을 확실히 하기는 어렵다. 바라건대, 미래에는 우리가 이 장엄한 동물에 대해 알 것이다.

29 / 세상에 공짜는 없다　　　　　　본문 p.108

final exam	기말고사
oversleep	늦잠 자다
professor	교수님
explain	설명하다
accident	사고
try one's best	최선을 다하다
flat tire	펑크난 타이어
hand	건네주다

정답

1. ②　　　　　　2. ③

1. ② 안심한 → 당황스러운

   교수님이 시험을 다시 볼 수 있는 기회를 주셔서 안심했지만, 예상치 못한 문제가 나와서 당황했다.

   ① 좌절한 → 평화로운

   ③ 격노한 → 안심한

   ④ 혼란스러운 → 기분 좋은

   ⑤ 놀란 → 실망한

2. ③

   첫 번째 문장부터 두 명의 대학생이 기말고사 전날 밤에 파티에 갔고, 늦잠을 자서 기말고사 시험을 놓쳤다고 나와있다.

해석

두 명의 대학생이 기말고사 전날 밤에 파티에 갔다. 그들은 밤새 파티를 하고 다음날 늦잠을 잤다. 그들은 기말고사를

27

놓쳤고 교수님께 왜 늦었는지 설명하러 갔다. "저희 친구 중에 한 명이 지난 밤에 큰 사고를 당해서 병원에 데려가야 했습니다," 라고 그들은 설명했다. "저희는 시험시간에 맞춰 오려고 최선을 다했지만, 타이어가 펑크가 났고 여분도 없었습니다." 교수님은 그들에게 두 번째 기회를 주었고 다음날 시험을 보게 해주셨다. 다음날 아침, 교수님은 그 둘을 분리된 공간에서 시험을 보게 했고 각각에게 시험지를 나눠주었다. 첫 번째 질문은 5점짜리 쉬운 질문이었다. 두 학생은 생각했다. "이거 쉽겠는데," 그들은 첫 번째 질문에 답변을 썼고 다음 페이지를 넘겼다. 하지만, 그들은 두 번째 질문을 보고 경악했다. 질문은 "어느 쪽 타이어였는가? (95점)" 였다.

30 / 와우! 놀라운 동물, 문어! 본문 p.108

curious	호기심을 끄는
heart	심장
avoid	피하다
predator	포식자
drive off	내쫓다
crack	틈
coral reef	산호초
invertebrate	무척추동물
backbone	척추, 등뼈
umdetected	발견되지 않은
chameleon	카멜레온
blast off	발사되다, 솟아오르다
disconnect	연결을 끊다
chomp down on	우걱우걱 먹다
claw	발톱
poisonous	독이 있는
distract	어지럽히다

정답

1. predator	–	포식자
undetected	–	발견되지 않은
chomp down on	–	우걱우걱 먹다

2. 무척추동물

3. ①

4. ① cracks ② change ③ shoot ④ regrow

2. 무척추동물

(a) 바로 뒤에 있는 문장을 해석하면, '이것은 문어가 척추가 없는 동물이라는 것을 의미한다.' 는 것을 통해 추론할 수 있다.

3. ①

이 글은 문어가 생존하기 위해 사용하는 여러 전략들을 소개한다.

4. ① cracks ② change ③ shoot ④ regrow

① 문어는 바위나 산호초 사이 틈에도 또한 숨을 수 있다.

② 문어는 자신의 피부색을 바꿀 수 있다.

③ 문어는 자신의 몸으로부터 물을 쏴서 자신은 로켓처럼 발사될 수 있다.

④ 문어는 자신의 다리를 자를 수 있는데, 왜냐하면 다리를 다시 자라게 할 수 있기 때문이다.

해석

문어는 호기심을 끄는 동물이다. 문어는 8개의 다리를 가지고 있을 뿐 아니라, 세 개의 심장과 매우 큰 뇌를 가지고 있다.

문어들은 그들의 포식자들을 피하는 매우 다양한 방법들을 가지고 있다. 문어가 포식자를 쫓아내는 한 유명한 방법은 먹물을 쏘고 사라지는 것이다. 문어는 바위나 산호초 사이 틈에도 또한 숨을 수 있다. 문어는 무척추동물이기 때문에 이것이 가능한데, 이것은 문어가 척추가 없는 동물이라는 것을 의미한다. 게다가 여전히 들키지 않은 채로, 그들은 바다의 밑바닥에 머무를 수 있다, 왜냐하면 문어들은 카멜레온 같이 그들의 피부색을 바꾸는 능력을 가지고 있기 때문이다.

사실상, 그들의 피부색을 바꾸는 건 1분도 채 걸리지 않는다! 문어를 찾고 있는 포식자들은 대신 문어를 바위나 치명적인 큰 바다뱀으로 착각할 것이다.

　문어들은 포식자로부터 달아나는 것을 선택할 수 있다. 그것은 자신의 몸으로부터 물을 쏴서 자신은 로켓처럼 발사될 것이다. 만약 문어에게 도망칠 시간이 없다면, 그것은 자신의 다리들 중 하나를 잘라버릴 수 있다. 그 절단된 다리는 포식자의 주의를 흩트려놓을 것이다. 포식자가 그 다리를 우적우적 씹어먹고 주위를 둘러봤을 때, 문어는 이미 오래 전에 사라진 후일 것이다. 문어들은 자신의 다리를 다시 자라게 할 수 있다.

　문어들은 다른 동물들이 그런 것처럼 날카로운 발톱이나 이빨을 가지지 않는다. 살아남기 위해, 그들은 그들의 두뇌를 사용하여야만 한다, 인간이 그러는 것처럼.

31 / 살기 위해 침 뱉는 동물들　　　본문 p.113

spit	(침 따위를) 뱉다
throw up	토하다
saliva	침
stinky	악취가 나는
purse up lips	입술을 오므리다
gulp down	(한입에) 꿀꺽 삼켜버린다
venom	독
deadly	치명적인
weapon	무기

정답

1. spit　　　－　　　뱉다
　saliva　　　－　　　침
　venom　　　－　　　독
2. The llama　　　－　　　saliva
　The archer fish　　　－　　　water
　The spitting cobra　　　－　　　venom
3. s,p,i,t,t,i,n,g
4. ④

3. s, p, i, t, t, i, n, g

> 생존하기 위해 그들의 뱉기 기술을 사용하는 몇몇의 동물들이 있다.

4. ④
　독 뱉기 코브라가 침을 뱉는다는 얘기는 본문 어디에도 없다.

해석

사람들이 침을 뱉는데 특별한 이유를 가지는 것은 아니지만, 생존하기 위해 침 뱉는 능력에 의존하는 몇몇의 동물들이 있다. 라마(남미에서 털을 얻고 짐을 운반하게 하기 위해 기르는 가축), 물총고기 그리고 독 뱉는 코브라는 모두 그들의 목적을 달성하기 위해 침을 뱉는 능력을 사용한다.

　아기가 당신에게 토를 한적이 있는가? 음, 만약 그런 적이 있다면, 당신은 라마가 당신에게 침을 뱉는 것이 어떤 것인지 알 것이다. 라마는 그들의 위에 있던 침과 음식 혼합물을 자신들을 성가시게 하는 사람이나 동물들에게 뱉는다. 그들은 특히 음식을 훔칠지 모르는 경쟁자들에게 침을 뱉는다. 그 불쾌한 냄새 때문에 대부분의 동물들은 침을 맞은 후에 도망갈 것이다.

　물총고기는 목표물에 침이 아니라 물을 뱉는다. 물총고기는 곤충들이나 작은 물고기들을 때려잡기 위해 총처럼 뱉기 기술을 사용한다. 이것의 목표물들은 심지어는 물 밖에 사는 곤충들도 될 수가 있다. 물총고기가 곤충을 발견하면, 입을 오므린 채로 물줄기를 발사한다. 그 곤충이 물에 떨어지면, 물총고기는 그것을 재빠르게 삼켜버린다.

　독 뱉는 코브라는 물이나 역겨운 침보다 더 나쁜 것을 뱉는다. 그 놈은 독을 발사하는 것이다. 독 뱉는 코브라는 상대의 눈을 목표로 한다고 여겨진다. 이 독은 사람이나 동물을 다치고 실명되게도 할 수 있다. 독 뱉는 코브라의 뱉기는 치명적인 무기이다.

32 / 운명을 바꿀 수는 없는 건가요?   본문 p.117

oracle	신탁
unknowingly	모르고
insult	모욕하다
defeat	패배시키다
disease	질병
discover	발견하다
murderer	살인자
shepherd	양치기
fate	운명
hang oneself	목메어 죽다

잘 이해하고 있나요?   p.118

1. kill, mother   2. ①

1. kill, mother

> 그의 끔찍한 운명은 그가 친아버지를 죽이고, 친어머니와
> 결혼하게 되는 것이다.

2. ① 그러나

왕과 왕비가 아기가 죽도록 산에다 버렸는데, 빈칸 뒤로 한
양치기가 살린다는 내용이 나오므로 '그러나'의 뜻을 가진
반전을 나타내는 접속사 'However'가 적절하다.

② 게다가   ③ 예를 들어

잘 이해하고 있나요?   p.120

1. ①   2. ①

1. ① 불행하게도

뒤에 그가 친아버지를 죽이고 친어머니와 결혼했다는 끔찍한
진실들을 알게 된다.

② 다행히도   ③ 놀랍게도

2. ① 바꾸다

> 결국, 오이디푸스는 그의 운명을 바꿀 수 없었다.

오이디푸스는 운명을 벗어나려 했으나 결국 아버지를 죽이고
어머니이자 아내는 자살하고 본인은 스스로 장님이 되는 굴레에서
벗어나지 못한다.

② 즐기다   ③ 받아들이다

종합문제

1. oracle	–	신탁
insult	–	모욕하다
unknowingly	–	모르고

2. ②

2. ②

오이디푸스는 고의가 아니라 그를 모욕한 행인들과 싸우다가
죽였는데, 나중에 알고 보니 아버지였던 것이다.

* on purpose: 고의로

해석

오래 전 그리스에서 라이오스 왕과 이오카스테 왕비가 남자아이를
가졌다. 한 신전의 신탁은 이들에게 그들의 아들이 어느 날 왕을
죽이고 왕의 왕비를 아내로 삼을 것이라고 말했다. 이런 일이 일어날
것을 막기 위해, 왕과 왕비는 이 아이를 죽이기 위해 산에 버렸다. (A)
그러나 한 목자가 이 아이를 발견해 오이디푸스라고 이름 짓고, 좋은
부부에게 이 아이를 데려다 주었다. 아이의 새로운 부모는 아이를 잘
키웠고, 그들이 실제 부모가 아니라는 사실을 말하지 않았다. 어느
날, 오이디푸스가 젊은 남자가 되어, 한 신탁이 그에게 몇 가지 나쁜
소식을 전했다. 신탁은 그에게 언젠가 아버지를 죽이고 어머니와
결혼할 것이라고 말했다.

친절한 부부가 자신의 진짜 부모라 생각하며, 그는 이 끔찍한
운명을 피하기 위해 영원히 집을 떠났다. 집을 떠난 여행에서,
오이디푸스는 거리에서 이방인 한 그룹을 만났다. 이 이방인들은

그를 모욕했고 그는 그들과 싸워 그들을 죽였다. 이렇게 함으로써, 그는 자신도 모르게 그룹에 있었던 자신의 아버지인 왕을 죽였다.

오이디푸스는 여행을 계속했고 테베(Thebes) 밖에 있는 끔찍한 생물체를 무찔렀다. 테베 사람들은 매우 기뻐했고 오이디푸스를 왕으로 삼았다. 오이디푸스는 아버지의 부인인 여왕과 결혼했다. 그 둘은 서로에 대한 진실을 알지 못했고, 그들은 4명의 아이를 낳았다.

어느 날, 한 질병이 테베에 퍼져서, 오이디푸스는 신탁에게 도시를 살릴 수 있는 방법을 물었다. 신탁은 오이디푸스에게 그의 아버지인 이전의 왕을 살해한 자를 찾아 죽이라고 말했다. (B) 불행히도 오이디푸스는 자신의 과거에 대한 진실을 발견했다. 여왕이 이 소식을 듣자, 그녀는 목을 매달았다. 오이디푸스가 그녀의 죽음을 알았을 때, 그는 스스로를 장님으로 만들었다.

결국, 오이디푸스는 스스로의 운명을 피할 수 없었던 것 같다.